# BENZIMENTO
## PARA PETS E TUTORES

JAVERT DE MENEZES

# BENZIMENTO
## PARA PETS E TUTORES

ALFABETO

Publicado em 2022 pela Editora Alfabeto

Direção Editorial: Edmilson Duran
Colaboração: Gabriela Duran
Capa e Diagramação: Décio Lopes
Preparo de originais: Ana Prôa
Revisão de textos: Luciana Papale

DADOS INTERNACIONAIS DE CATALOGAÇÃO NA PUBLICAÇÃO (CIP)
Angélica Ilacqua CRB-8/7057

Menezes, Javert
 Benzimento para Pets e Tutores | Javert Menezes – 1ª edição. São Paulo. Editora Alfabeto, 2022.

 ISBN: 978-65-87905-32-7

 1. Orações 2. Benzedeiras 3. Curandeiros 4. Medicina mágica e mística 5. Ocultismo I. Título

19-1159 CDD 398.353

Índices para catálogo sistemático:
1. Benzimento

Todos os direitos reservados, proibida a reprodução total ou parcial por qualquer meio, inclusive internet, sem a expressa autorização por escrito da Editora.

Contato com o autor:
javertdemenezes@ig.com.br | javertdemenezed@gmail.com
Tel: (11) 9 9159-7783

EDITORA ALFABETO
Rua Protocolo, 394 | CEP 04254-030
São Paulo/SP | e-mail: editorial@editoraalfabeto.com.br
Tel: (11) 2351-4720
www.editoraalfabeto.com.br

# Dedicatória

*Dedico este livro a todos os benzedores e benzedeiras que devotaram suas vidas em prol dos irmãos necessitados, carentes de ajuda espiritual e do alívio de suas dores e mazelas. Também a todos que tiveram a oportunidade de transmitir seus conhecimentos em vida aos seus descendentes, assim como aos que confiaram em mim para divulgar e perpetuar seus benzimentos, contribuindo para que a arte da benzedura possa ser praticada por muitos e muitos anos. Que minhas filhas Ananda e Hannah, minha neta Marina e meu irmão Rubens Jr. possam também transmitir a seus descendentes futuros, netos e bisnetos os conhecimentos de suas origens.*

"Sem sonhos, a vida não tem brilho, sem metas,
os sonhos não têm alicerces.
Sem prioridades, os sonhos não se tornam reais.
Sonhe, trace metas, estabeleça prioridades e
corra riscos para executar seus sonhos.
Melhor é errar por tentar
do que errar por omitir."

*Augusto Cury*

# Agradecimento

*Agradeço a Deus por poder, neste momento em que o nosso planeta vem passando por muitas dificuldades, escrever este livro destinado aos nossos irmãos pets e seus tutores. Esses seres criados por Deus para nos acompanhar nesta jornada devem ser respeitados e amados, e, para isso, vamos ajudá-los com a energia do benzimento.*

*E que sempre prevaleça a máxima:*

"Primeiro era necessário civilizar o homem em seu relacionamento com o homem.

Agora é necessário civilizar o homem em seu relacionamento com a natureza e os animais."

*Victor Hugo*

# Sumário

Prefácio......................................................11

Introdução....................................................13

Capítulo 1: Ligação energética entre pet e tutor.....................15

Capítulo 2: Terapias alternativas para pets.........................21

Capítulo 3: Psicologia também para animais........................23

Capítulo 4: A sorte de ter um gato, o privilégio de ter um cão.........27

Capítulo 5: Benzimento não escolhe religiões......................31

Capítulo 6: Alinhamento dos chacras com a ajuda do Pai-Nosso.......39

Capítulo 7: Como funciona o benzimento veterinário...............45

Capítulo 8: Elementos de transmutação e suas orações.............51

Capítulo 9: Os santos dos pets...................................61

Capítulo 10: Orações e rezas para benzimentos....................67

Palavras finais............................................... 139

Índice remissivo............................................. 141

Referências bibliográficas.................................... 149

# Prefácio

Estou realmente muito feliz e honrada por estar aqui vendo tantos benzimentos lindos para nossos amigos de luz. Aqueles anjos companheiros que nos auxiliam em nossa jornada na Terra.

Os animais sabem reconhecer nossas carências, nossas dores e nossos sentimentos mais profundos, além de nos ajudarem da melhor maneira possível, nos distraindo com brincadeiras, carinhos e muita graça.

Sabemos que as palavras e formas de pensamento têm poder. Tudo é energia e possui vibração. Dependendo da maneira como pensarmos e agirmos, podemos emanar energia nociva ou não. Os animais acabam sentindo essas emanações e podem ter certo desconforto, capaz até de evoluir para uma doença. Por isso, um tutor preocupado pode contar, além de muitas terapias integrativas para seus pets, com vários benzimentos.

Cada pessoa possui sua crença e sua maneira de pensar, mas o fato é que a reza tem um poder magnífico. Além de acalmar o animal, nos auxilia com lindas palavras (que, a meu ver, são mágicas), as quais vêm do fundo do nosso coração, onde Deus habita.

Todo benzimento tem uma intenção maior: trazer a cura e o bem-estar do animal, do tutor e da família como um todo. Isso sem falar na alegria para o médico veterinário e para toda a equipe que o auxilia.

Neste livro, você encontrará algumas rezas explicadas de várias maneiras. Espero que encontre a que for melhor para seu espírito. Para isso, siga sua intuição, com muito amor.

Lembre-se de que muitos saberes – alguns antigos, outros modernos – vêm dos nossos ancestrais, que, muitas vezes, não tinham recursos à mão. Era uma ajuda importante tornar o animal bento ou santo.

Espero que você utilize cada reza da melhor maneira possível e que partilhe sempre tudo aquilo que for benéfico para o próximo. Gratidão imensa a Javert, pelo espaço de carinho com os animais, aos quais me dedico para garantir o bem-estar (e, sempre que possível, estou rezando e partilhando algumas rezas).

Namastê: "O Deus que habita em mim saúda o Deus que habita em você". Que Deus o abençoe e o ilumine cada vez mais. Paz e bem!

*Cristina Cazumi Arakaki*
Veterinária

# Introdução

Não é segredo para ninguém: a maioria de nós, humanos, tem carinho pelos animais. Muitas pessoas pensam, ainda hoje, que foram elas que escolheram seus pets. Será? Acredito, mediante estudos e muita observância, que é a energia do animal que vai ao encontro de seus tutores, para passarem longos anos juntos nesta vida.

Mas, antes de seguirmos adiante, vamos entender por que devemos utilizar o termo "tutor". Segundo os dicionários, tutor é aquele que exerce a tutela, que defende, que protege. É o protetor. Termos como "dono" ou "proprietário" dão a impressão de posse, referindo-se ao animal como um objeto. Então, o meu intuito de usar a palavra "tutor" é exatamente remeter a uma relação entre seres vivos.

Neste livro, portanto, você vai conhecer um pouco da energia que acompanha os pets por onde eles passam. Como todos sabem, animais de estimação fazem um bem enorme a seus tutores e a todos os membros da família que os adota. Aqui, portanto, vou apresentar diversos benzimentos para que você possa cuidar ainda melhor de seu pet. Esta obra nasceu a partir do sucesso de meu primeiro livro, *A Arte do Benzimento* (também da Editora Alfabeto), que ensina orações, rezas e benzeduras para tratarmos os mais diversos males em nós, humanos. Chegou a hora, então, de utilizarmos a força dessas orações para beneficiar os nossos amados animais de estimação.

Nas páginas a seguir, também vou falar um pouco sobre as energias emanadas pelos animais e sobre as riquíssimas lições que podemos aprender com cães e gatos, especificamente, mas abrangendo também outros animais domésticos.

As relações com nossos animais são únicas. Quando adotamos, ganhamos, compramos ou os vemos crescer, acabamos estreitando fortes laços de amor e amizade. A energia entre tutor e animal começa a partir do primeiro contato. É daí que surge o apego, e é isso o que determina a escolha de um animal na hora de adotar ou comprar.

Quanto mais aberto à espiritualidade você for, mais benefícios seu animal de estimação lhe trará. A relação de carinho e fidelidade com nossos animais carrega muitas energias positivas, como equilíbrio e cura. Sim, isso mesmo: muitos de nossos problemas são de ordem mental e espiritual, e cães ou gatos possuem energias que equilibram e nos dão mais sensatez. Ainda existe o aspecto da companhia que esses animais fazem, tirando de nós o sentimento de solidão.

Os pets têm muito a nos ensinar. Caso você tenha um animal de estimação, observe seu sentimento em relação a essas perguntas:

– Seu animal lhe dá carinho sem você pedir?

– Ele se importa com você?

– Reconhece sua voz?

Se todas as respostam foram sim, parabéns! Seu pet é muito bem tratado. O animal é reflexo do que seu tutor é. Quem tiver um gato ou um cachorro alegre e brincalhão, certamente é uma pessoa boa.

Outro forte ensinamento está ligado aos bens materiais. Um animal não necessita deles, e sim de carinho e amor, sentimentos dos quais todo mundo precisa. Existe uma troca de emoções entre tutor e animal. Eles carregam o que existe de mais importante na vida: o amor.

Estudos realizados apontam outro benefício vindo dos animais: a proteção! Você sabia que seu pet pode lhe proteger de ataques espirituais, inveja, olho gordo e até de demandas ou feitiçarias? Os animais são seres puros e de energias inigualáveis. Adotam seus tutores e os protegem dos ataques visíveis e invisíveis, sendo os primeiros a captar e a receber as energias de outras pessoas.

Assim, se o seu animal de estimação ficar arisco com alguma pessoa, isso pode se dever a alguns motivos. Em primeiro lugar, não podemos descartar a questão de que alguém estranho está invadindo seu território e, caso venha acompanhado de um bichinho de estimação, seu pet vai proteger o espaço dele. No entanto, pode não ser somente isso. Os animais têm a capacidade de sentir a energia das pessoas, fazendo com que eles queiram, de qualquer maneira, afastá-las de seus amados tutores. Pense nisso com muito carinho em relação aos seus pets: eles querem, simplesmente, proteger todos que amam.

CAPÍTULO 1

# Ligação energética entre pet e tutor

Nós, seres humanos, também somos uma espécie animal. É importante desmistificar a separação entre *raça humana* e *animal*, e, principalmente, a percepção equivocada de superioridade.

Alguma vez você já se sentiu irritado, estressado, preocupado, ansioso, culpado, com remorso, indignado, para baixo, triste, com baixa autoestima, deprimido, melancólico ou sobrecarregado? Alguma vez teve a sensação de que a vida está passando e nada de útil está acontecendo? Já se pegou constantemente vivendo ou remoendo algumas situações do passado, ou com a mente no futuro, pensando no que acontecerá? Está com dificuldade de viver somente no presente e fica se preocupando constantemente com sua situação financeira? Não consegue fazer o que precisa no dia a dia? Acha que é preciso competir com os outros para ser bem-sucedido?

Fisicamente, em meio a essas crises, você já teve dores nas costas, nos olhos, na região dos intestinos e na cabeça, enxaqueca, mal-estar estomacal, dificuldade para respirar, crises alérgicas, dor ou pressão na região do peito ou do coração, problemas cardíacos, diabetes, câncer e tumores, inflamação crônica, problemas nos sistemas imunológico, endócrino e nervoso, dor ou pressão na região dos ombros, dores nas pernas, tropeços e torções nos pés, problemas nos rins, dor ao urinar ou complicações nos órgãos sexuais?

Certamente, você se identificou com pelo menos um dos problemas apresentados, não é mesmo? Todos nós já sentimos – ou continuamos sentindo – muito mais do que apenas um deles. Inclusive, muitas dessas sensações nos acompanham há anos.

Agora pense nas vezes em que viu, na natureza, um animal de qualquer espécie que não seja humana. Pode ser algum presente em parques, como pássaros, por exemplo. Como esses animais se sentem quando estão em contato com a natureza? Bem, é claro. Porém, olhe para um animal não humano que viva com você dentro de casa ou com outros amigos humanos, e perceba se ele apresenta algum sintoma correspondente com o que você sente.

Assim como nós, eles vão revelando várias irregularidades. O que podemos entender e aprender a partir disso? Mantenha essa reflexão em mente: é necessário enxergar com um novo olhar e com uma nova consciência os sintomas, as doenças e os desequilíbrios dos pets dos quais somos tutores. Um animal na natureza não está ansioso, estressado, com crise de identidade ou em crise espiritual. Ele não apresenta nenhuma das sensações citadas anteriormente. Não tem desequilíbrios emocionais e mentais, não vive preocupado com o passado ou com o futuro... Apenas vive no presente.

Animais na natureza fazem uso de suas mentes como ferramenta para resolver e evitar situações, se preparar de forma prática para algo que ocorrerá e até mesmo evitar erros do passado. Isso é muito diferente de estar preso nela, no passado e no futuro. Eles usam a mente e vivem constantemente no presente. É claro que pode haver alguns animais com problemas físicos e, eventualmente, emocionais ou mentais, mas não da mesma forma que nós, seres humanos e, até mesmo, os pets que vivem conosco. Animais que têm contato com seres humanos são os únicos não humanos que apresentam esses desequilíbrios.

Mas por que isso ocorre? Porque eles absorvem, como uma esponja, os nossos padrões de desequilíbrios mentais, emocionais e, consequentemente, energéticos e físicos. E, assim, passam a agir como espelhos, reproduzindo as mesmas sensações e irregularidades de seus tutores. Por exemplo, um humano com insuficiência renal pode *conduzir* essa instabilidade ao seu pet e, dessa forma, afetar o seu sistema urinário também, assim como um tutor com gastrite pode transferir problemas digestivos para o seu cachorro ou gato, e por aí vai.

Em outros casos, a absorção não funciona como um espelho, mas está interligada com o desequilíbrio dos chacras (pontos energéticos presentes em todos os seres vivos que garantem o equilíbrio de diversos aspectos). Dessa maneira, um humano com problemas emocionais pode transferir essa energia para um animal, que se refletirá por meio de irregularidades físicas. Por exemplo, um humano que vive constantemente irritado pode ser tutor de um gato que venha a desenvolver problemas renais, ou vice-versa.

Essa relação entre animal e tutor está ficando mais clara nos tempos atuais. Isso ocorre devido ao grande amor e compaixão que eles sentem por nós. Existe uma ligação energética muito mais intensa do que se pode imaginar e, na maioria das vezes, os pets absorvem esses padrões de desequilíbrio para nos limpar. Eles querem que sejamos felizes. Mas pode ficar tranquilo e não se sinta culpado. Na verdade, a última coisa que deve sentir é culpa. Esta é uma energia que faz um grande mal para nós e, com base no que estou trazendo aqui, também afeta diretamente nossos amigos animais.

Troque a culpa por aprendizado honesto! Assim, pode se melhorar, ser feliz, estar mais consciente das suas ações e, consequentemente, dar menos trabalho para os animais e demais seres vivos ao seu redor. Inclusive as crianças, que absorvem essas energias tanto quanto os animais.

Este é o ponto de partida para você mudar a sua visão a respeito dos desequilíbrios e das irregularidades que os animais não humanos apresentam. É preciso começar a jogar luz sobre o tema para se tornar consciente e disposto a mudar. Seja feliz! Dessa forma, poderá ajudar os seus amigos não humanos também.

## AS ENERGIAS QUE CADA PET PODE TRAZER PARA A CASA DO TUTOR

Se você comprou este livro, é porque é o tipo de pessoa que acredita muito em energias emanadas. Os pets também desprendem vibrações energéticas, e cada bichinho pode trazer um tipo de energia para a sua casa. Veja a seguir a frequência espiritual e energética que cada animal de estimação possui:

**Gatos:** São pets intuitivos. Em sua maioria, têm uma personalidade magnética e misteriosa, às vezes até um pouco assustada, já que eles conseguem enxergar os seres através da alma. Elegante e soberbo, o gato tem o dom da invisibilidade, mas também sabe chamar atenção para si. Desperta reações fortes nos outros, sejam elas positivas ou negativas. É um grande aliado nos lares para equilibrar energias perigosas.

**Cães:** O cachorro é um pet que escolheu amar, proteger e servir. A energia do cão é de proteção, bondade e perdão. Ele é um verdadeiro guardião em nossas vidas, disposto a enfrentar qualquer energia nociva direcionada aos humanos. Além disso, traz e desperta um sentimento puro e genuíno. No seu ambiente, também é capaz de detectar influências espirituais tanto positivas quanto negativas.

**Peixe:** Ter um peixinho em casa traz a energia da criança, abundância, fertilidade, harmonia e regeneração, responsável por fazer aquele balanço entre a razão e a emoção. O peixe vive da sua intuição e, quando ele está calmo em nossos lares, significa que está tudo bem. Mas preste atenção: um peixinho agitado pode demonstrar uma energia de ataque.

**Pássaros:** Um pássaro sempre vai guiar você em direção à liberdade. Traz o que você precisa para poder ir e para poder ser. Ele costuma direcionar sua energia para simplesmente ir em frente. Nenhum outro animal trará a sensação de controle, coragem e certeza como o pássaro pode fazer por sua vida. Ele jamais esquecerá que sabe voar, assim como o ser humano sempre se lembrará de que sabe o que tem que ser feito. Além disso, é um animal que não possui medo.

**Papagaios:** Representam o arquétipo de se transformar, de ser o que se deseja ser, principalmente quando as situações estão adversas. Eles são capazes de evocar palavras para abundância, ajudar o ser humano a controlar o ego, descobrir soluções quando se sente perdido e fluir por meio das emoções. Quem é tutor de um papagaio costuma ter habilidade para se reconstruir.

**Hamsters:** Esse pet consegue captar as energias sutis de pessoas, locais e espiritualidade como um todo. Faz com que aprendamos a apreciar as coisas simples e pequenas, e a nos autopreservar e observar os detalhes que estão ao nosso redor.

**Coelhos:** Eles representam humildade, amor e fertilidade. São perspicazes e ágeis, capazes de escapar de situações complicadas. Possuem um forte instinto familiar. A presença de um coelho traz sorte e espanta qualquer energia negativa devido ao odor da sua urina. Esse animal consegue eliminar todas as energias maléficas do ambiente com sua proteção natural e pede que seus donos o mantenham sempre com vida para trazer prosperidade. Mas, por favor, não use pata de coelho como amuleto. É preferível tê-lo como pet e enchê-lo de amor.

CAPÍTULO 2

# Terapias alternativas para pets

Tratamentos como reiki e aromaterapia para animais de estimação podem complementar o benzimento. Até porque, a veterinária e terapeuta holística Cristina Arakaki reforça que os animais podem absorver a energia de outras pessoas e lugares da casa. Por exemplo, se um gato fica muito tempo dentro de um armário, em um único canto ou se esfregando muito em uma pessoa, é porque ele está captando alguma energia pesada e, dependendo do caso, ele adoece, deixa de se alimentar, se entristece e se deprime. Por isso, associar as orações a terapias complementares pode ajudar a protegê-los ainda mais. A seguir, veja a explicação a respeito de como algumas dessas terapias podem ser benéficas para os bichinhos.

### REIKI E CRISTALOTERAPIA

O reiki é uma técnica de cura e equilíbrio de origem japonesa, que utiliza da energia vital emitida pelas mãos e trabalha com o alinhamento energético. Atua com símbolos e imposição correta das mãos nos chacras (centros de energia que regem nossa estabilidade). Já a cristaloterapia atua com o poder energético dos cristais para elevar a energia do animal. Essas duas técnicas podem ser utilizadas em períodos em que o pet está exposto a energias menos positivas, como quando passa por uma época estressante. Ambas diminuem a agressividade, o estresse e a depressão, e ajudam na cicatrização em casos de pós-operatório. Além disso, em animais idosos, promovem uma melhora na qualidade de vida e auxiliam no processo de transição, em casos de doenças terminais.

Ainda em relação aos cristais, algo que potencializa a calma no pet é fazer um elixir de quartzo transparente e borrifar duas vezes ao dia no lugar onde ele dorme (casinha, cobertor, etc.) e em suas patinhas. E como fazer? Após o cristal ter sido energizado e limpo com água e sabão, deixe-o em uma jarra ou copo de vidro transparente por, no mínimo 12 horas. Por exemplo, pode colocar à noite e usar no dia seguinte. Depois do período de descanso, ponha em um borrifador e use conforme descrito anteriormente.

## AROMATERAPIA

É um tratamento natural que visa à cura ou prevenção de indisposições físicas, emocionais e mentais por meio do olfato, sentido muito aguçado principalmente em cães. São utilizados óleos essenciais no tratamento porque eles têm seus princípios ativos extraídos das plantas (folhas, flores, caule, raiz ou cascas). Ela pode ser usada para melhorar comportamentos animais, além de tratar ferimentos, alergia, coceira, falta de apetite, desânimo, depressão, estresse, hiperatividade, dores, quadros pré e pós-operatórios, inflamações, parasitas, fungos, artrite e muitos outros problemas.

## RADIESTESIA E RADIÔNICA

A radiestesia, a radiônica e a mesa radiônica são ferramentas utilizadas para investigar as radiações naturais dos seres vivos. Essa técnica possibilita equilibrar e harmonizar as energias. Assim como a aromaterapia, elas podem ajudar em dores, alergias, agressividade, falta de apetite e depressão. Essas três ferramentas e a aromaterapia podem – e devem – trabalhar juntas. Enquanto a radiestesia está captando ou localizando a energia negativa, a aromaterapia vai trabalhar juntamente com os gráficos radiônicos na emissão, potencializando e emitindo à distância a cura, o tratamento ou a transmutação dessas energias.

*Importante:* Todas as terapias citadas devem ser realizadas acompanhadas por um especialista em cada uma, juntamente com um veterinário, para cuidar o melhor possível do animal de estimação. Elas podem até ser feitas à distância, mas sempre com o acompanhamento profissional.

CAPÍTULO 3

# Psicologia também para animais

A psicologia animal é uma nova área de atuação, mas, infelizmente, ainda não há um curso de especialização para atuar nela. Por isso, os profissionais desse ramo são, em geral, psicólogos, veterinários, biólogos e zootecnistas. Descubra, neste capítulo, se o seu o pet está precisando de uma consulta ou apenas de um benzimento.

A terapia tem por objetivo moldar o caráter do animal para transformá-lo em sociável, amigável e adotável. Cães, gatos e demais pets, assim como os humanos, podem passar por problemas psicológicos e comportamentais em alguma fase da vida. Na maioria das vezes, essas situações nascem a partir de perturbações drásticas na rotina diária ou no manejo inadequado do animal ao longo dos anos. É diante de quadros assim que surge a necessidade da terapia comportamental com psicólogos treinados.

Seu pet é tímido e inseguro? Assim como as pessoas, os animais de estimação também possuem diferentes personalidades. Tem aqueles mais brincalhões, os mais tranquilos e os que são tímidos e inseguros. Um animal retraído é um sinal de alerta, já que isso pode acabar virando uma depressão e levá-lo a agir de maneira agressiva com os outros. Dessa forma, os tutores precisam ajudar seu amigo a se tornar autoconfiante.

Como lidar com cachorros que demonstram ter medo de pessoas? Muitos bichinhos possuem problemas de socialização, tanto por costume quanto por trauma de alguma situação vivida. O medo, então, pode ser ocasionado por alguma experiência traumatizante, genética, falta de limite (ele acredita ser o líder da matilha – o *dono da casa* que quer controlar tudo ao seu modo) ou falta de socialização na idade apropriada (dos 50 aos 85 dias de vida), fase em que o cão ainda não tem todas as vacinas e, por esse motivo, muitos tutores não saem com ele, prejudicando essa interação social.

Você tem um gato ou um cão elétrico em casa? É preciso entender por que ele não fica quieto. Um pet hiperativo pode ter várias origens. Ele pode ter herdado geneticamente a característica e até desenvolvido ao longo da vida. Em muitos casos, isso acontece porque, há muito tempo, várias raças foram selecionadas geneticamente para o trabalho. Mas, com o passar dos anos, os pets ganharam seu espaço no ambiente doméstico, e aqueles com heranças genéticas e alta disposição para atividades passaram a acumular energia de sobra. É muito importante que o tutor saiba se o seu pet é apenas um animal agitado ou realmente hiperativo. Se for o caso, pode desencadear problemas comportamentais que, consequentemente, afetarão a saúde dele e o convívio com a família. A hiperatividade, quando não tratada adequadamente, pode gerar transtornos compulsivos, como latido em excesso, girar em círculos e até destruição de objetos em casa, como uma forma de transferir essa ansiedade.

Os bichinhos também podem sofrer de depressão e outros distúrbios, precisando de ajuda especializada. É nesses casos, portanto, que o psicólogo de animais atua, para ajudar a melhorar a vida de pets que estão padecendo. Por isso, procurar um profissional é de vital importância para garantir a saúde mental do seu companheiro.

## SENSIBILIDADE DOS CÃES NÃO É DOENÇA

Já pegou seu cachorro olhando para o nada durante muito tempo? Ou percebeu que ele começou a latir, uivar ou até rosnar sem motivo aparente? Cães podem ver fantasmas e a aura das pessoas. Então, fique atento aos sinais e energize o ambiente. Como sou médium e vejo espíritos, sei bem que eles podem estar vendo também.

Para identificar quando isso está acontecendo com seu pet, saiba que, geralmente, ele levanta a cabeça, brinca, late e uiva do nada. Os olhos e o rosto dele demonstram sentimentos. Se é algo bom, dá para perceber afeição. Mas se a sensação é ruim, ele pode até parecer chorar.

O que faz com que os cachorros possam enxergar auras e espíritos é a presença dos órgãos sensoriais muito desenvolvidos. Nós só conseguimos chegar nesse patamar evolutivo quando ativamos uma região localizada entre as sobrancelhas, chamada terceiro olho, e assim desenvolvemos nossa intuição. Os cães já nascem com o terceiro olho sempre ativo, e, por serem seres irracionais, acabam manifestando as suas reações pelo impulso e pela energia e, por isso, tornam-se suscetíveis a terem essas visões.

Isso também influencia na hora que os cães percebem que o seu tutor está mais triste, bravo ou feliz. Eles podem enxergar a aura das pessoas, identificando quando ela é má ou boa, por exemplo. Para melhorar o ambiente e evitar os visitantes indesejados, use cristais, incensos e orações para energizar o local, ou faça benzimentos, como os vários que você vai aprender neste livro, mais adiante.

CAPÍTULO 4

# A sorte de ter um gato, o privilégio de ter um cão

Muita gente acha que os gatos são traiçoeiros e vingativos. Eu afirmo que não! Definitivamente, não! Os gatos são irresistíveis, lindos e fascinantes. Poucas pessoas conseguem ficar indiferentes ao fascínio desses seres, donos de uma beleza inegável e de uma elegância sem limites. Eles possuem uma energia muito especial, com capacidade de absorver e neutralizar a negatividade do espaço onde se encontram e das pessoas com quem convivem, limpando e purificando o ambiente energético que as envolve.

O lugar onde o gato vive é considerado *seu*, e ele se sente responsável por fazer a sua limpeza energética e proteção, incluindo as pessoas da família. Ele pode utilizar as patas dianteiras para massagear uma região do seu corpo que esteja muito carregada, ajudando a mantê-lo saudável. E, enquanto dormem, os gatos transmutam essa energia. Fique atento aos locais em que seu bichano escolhe para tirar uma soneca, porque pode significar que ele está ali para fazer uma limpeza. Mas nem sempre isso significa que o local está carregado de negatividade. Às vezes, é o excesso de energia parada que levou seu gato até o local para colocá-la em movimento e transformá-la em positividade. Todos esses felinos fornecem as energias de cura protetora, embora haja alguma variação entre os benefícios que eles podem conceder a seus donos, de acordo com o tipo de gato, como veremos a seguir.

**Gatos pretos:** Fornecem a proteção mágica mais abrangente contra poderes ocultos e maldições. São os mais aptos a anular poderosas energias negativas que podem estar dentro de uma casa.

**Gatos cinzentos:** Exercem calmantes influências da estabilidade emocional e trazem alegria e amor para a vida de seus donos. A energia tranquila incorporada nesses gatos é, frequentemente, associada à felicidade e boa sorte.

**Gatos siameses:** Apesar de brincalhões, ajudam a trazer fama e sucesso aos seus donos, além de beneficiá-los com uma vida mais longa.

**Gatos de dois tons:** Carregam consigo uma energia que aumenta a sabedoria e o bom senso.

**Gatos dourados:** São frequentemente associados à sabedoria antiga devido ao seu status como objetos a serem reverenciados nos templos. Eles também incorporam energia solar e graça.

**Gatos malhados:** Ajudam a aliviar o clima de um ambiente e proporcionam um burburinho de humor e entretenimento.

**Gatos brancos de olhos azuis:** Ajudam a afastar pessoas obsessoras, aquelas que *sugam* a sua energia.

*Mas atenção*: não importa o tipo de gato que tem em casa ou que venha a escolher. Pode ter certeza de que, seja como ele for, você desfrutará de seus benefícios e de sua aura poderosa, bem como de sua sensibilidade para a presença de espíritos mal-intencionados.

## A MISSÃO DOS CÃES NA VIDA DO HOMEM

O melhor amigo do homem é um ser de amor incondicional, que nos acompanha ao longo da vida e nos dá amor e alegria sem pedir nada em troca. Este animal que está em sua vida não veio a você por acaso. Ele o escolheu ou você o escolheu para cumprir uma missão espiritual e se tornar seu anjo da guarda de quatro patas. Você não precisa ser um gênio para perceber como os cães nos ajudam a mudar de energia quando estamos em um dia meio triste, nos fazendo esquecer dos problemas facilmente com um latido e uma brincadeira.

Tanto na filosofia chinesa quanto na maia, o cachorro é um símbolo do amor incondicional, que vem até nós para ativar esse sentimento e colocá-lo em movimento. É o poder de viver com o coração. Viver do amor por tudo e por todos. Símbolo de lealdade, fidelidade e justiça. Preste muita atenção e nunca se esqueça de que eles são puro amor e só estão aqui para nos fazer bem.

### PROTETORES ESPIRITUAIS

Eles são protetores de energia inatos. Não só no plano terrestre, mas também no plano astral, companheiro fiel mesmo em seus sonhos. Eles absorvem as más energias que você pode estar levando consigo ou que está nos ambientes, sendo, assim, grandes transmutadores energéticos.

Uma maneira de renovar as vibrações de nossos melhores amigos é fazendo uso de elementos como água e plantas, para expurgar a energia ruim que eles adquiriram para nos proteger. A afeição física e as carícias que nós damos a eles, e nosso retorno na forma de amor, agem sacudindo os desequilíbrios energéticos e ampliando o campo áurico, recarregando-o com boa energia.

### CAPTURAM AS VIBRAÇÕES

Eles são radares de vibrações, mostrando-se sensíveis a qualquer energia circundante e sempre atentos a tudo. Seus sentidos estendidos lhes permitem ver outras dimensões e planos de consciência, que são imperceptíveis para nós. Como já foi mencionado, por vezes os vemos latindo para o nada ou para pessoas que nunca tinham visto antes, e essa alta sensibilidade nos adverte de perigos energéticos.

### TERAPEUTAS

Esses anjos caninos cuidarão de sua saúde e bem-estar, harmonizarão seu ambiente e equilibrarão a energia do lugar quando perceberem que isso nos esmaga. Com lambidas e o balançar do rabo, eles são capazes de mudar nossa energia e nos fazer sentir melhores e mais fortes emocionalmente. Os cães têm um canal de conexão direta com o nosso coração e nos enviam sinais de amor, quando acham necessário. Eles também são usados em hospitais ou diferentes terapias porque já se reconhece o poder desses animais junto aos humanos: eles elevam a aura dos pacientes e, pelos sorrisos que nos tiram, elevam a vibração.

CAPÍTULO 5

# Benzimento não escolhe religiões

Na maioria das vezes, tudo o que os benzedores ou as benzedeiras têm a oferecer são orações e pensamentos positivos, independentemente de religião – além, claro, de saberem escutar a quem atendem. Seja presencialmente, seja por meio de intercessões à distância, os benzedores e rezadores ainda são o refúgio de muita gente em momentos difíceis. As queixas de quem os procura vão desde enfermidades a sensações de mau-olhado. Não raro há o testemunho de pessoas que garantem ter alcançado uma cura pedida.

Acolhedores de indivíduos dos mais variados credos, confiantes nos poderes espirituais, os benzedores se tornaram responsáveis por manter vivos, no nosso Brasil, os ritos interioranos e tradicionais da arte do benzimento. Eles não perdem a fé, nem a força para atender visitantes todos os dias. Aprenderam a resolver tudo por conta própria, tanto quando os problemas envolviam suas próprias famílias quanto nas situações em que centenas de desconhecidos recorriam a eles em busca de ajuda, até trazendo seus animais para serem tratados.

As rezas podem ocorrer na casa deles, em hospitais e, como já mencionado, até à distância. Porém, os benzedores seguem duas regras: não rezam quando estão mal, para não acumular sentimentos negativos, e não atendem qualquer pedido de oração entre 18 horas e meia-noite. Segundo eles, esse é o horário em que os anjos dizem amém.

O rito de orações envolve a pronunciação de palavras que somente esses homens e mulheres dedicados sabem, e que não revelam a ninguém. Por isso, muitas benzeduras estão se perdendo em nossa cultura, por não ter alguém da família que possa dar continuidade ao benzimento, com compromisso. De acordo com seus familiares, os benzedores chegam a passar duas horas por dia diante do pequeno altar que mantêm em casa. Lá, eles guardam imagens de santos, fotos de pessoas que pediram oração, terços e velas acesas. E o ofício fica apenas a cargo deles: por considerá-lo árduo e não querer que outras pessoas sofram como eles, não o transmitem a ninguém mais.

Mas, então, quem terá a mesma responsabilidade para continuar a arte do benzimento? Quando eles dizem que é doloroso, estão se referindo às mazelas das pessoas, que causam dor em seres iluminados que vieram a este mundo para ajudar. Um trabalho solitário! Um dom que não é para muitos, sendo preciso ter vocação. E não poder passar isso para seus descendentes chega a ser um martírio. A boa notícia é que hoje sabemos que é possível, sim, desenvolver este dom.

Graças às orações e até aos partos realizados pelas benzedeiras, que atuavam como uma espécie de doula, o trabalho dessas pessoas ficou conhecido ao longo do tempo. Apesar da procura frequente, afirmam que só promovem curas espirituais, recomendando, inclusive, que os atendidos portadores de casos graves de saúde sejam tratados em hospitais. É como defendem: "Deus deixou os médicos aqui para isso". As orações e rezas apenas com terços ou rosários, como alguns preferem chamar, curam até picadas de cobra. Além disso, os benzedores são respeitados pela antecipação de acontecimentos.

Devido ao seu histórico amplamente reconhecido, eles sabem do papel que exercem na comunidade. É como dizem: "O povo daqui tem fé em mim, faço um trabalho de que gosto. Minha vida é meu serviço, como Jesus ensinou a todos a amar seu próximo e auxiliá-lo". Os benzedores, por sua vez, percebem que tem coisa que não é proveniente de doenças. Muitas vezes, o atendido já foi aos mais diversos médicos e não obteve um resultado satisfatório. Mas, em muitos desses casos, quando chega ao benzedor tudo se esclarece: "É só mau-olhado, filho. Vou tirar de ocê". A partir daí, o atendido passa a visitar o benzedor quase que semanalmente, saindo de lá bem levinho. A pessoa que se predispõe a benzer geralmente é um ser humano muito humilde e simples, um bom espírito de Deus.

## TROCA DE ENERGIA NO BENZIMENTO

Para mim, como psicólogo, benzedor e rezador, a troca de energia é uma sensação comum. As respostas positivas obtidas no corpo são fruto da troca de energia entre seres humanos, animais, plantas, minerais e seres espirituais. O benzimento parte do pressuposto de que todo ser vivo tem um campo eletromagnético. Isso vem de estudos da medicina tradicional e é recorrente em várias culturas. Uma hipótese para o funcionamento do benzimento é a interação entre o campo de todos esses seres e o nosso, inclusive os espirituais. Além disso, há o efeito dos dizeres sobre cada pessoa que é beneficiada pelo trabalho.

Como o benzimento geralmente está associado à oração, há muitos estudos sobre o efeito das rezas. A forma com que fazemos o benzimento no Brasil vem principalmente das raízes afro-indígenas e dos imigrantes europeus. Em países orientais, princípios semelhantes são aplicados, já que, segundo estudos, as áreas da energia espiritual e física estão conectadas. Na medicina chinesa e indiana, por exemplo, as plantas e os minerais são usados para criar uma atmosfera mais interessante para a meditação e a cura. Na medicina oriental, essa é uma estratégia muito importante e respeitada. Para eles, a repetição de mantras também é fundamental para melhorar o campo de energia. Apesar de ser um pouco diferente do que fazemos aqui, o conceito já é considerado algo comum a todas as medicinas tradicionais.

## COMPARTILHANDO EXPERIÊNCIAS

Com o objetivo de congregar pessoas para compartilhar os conhecimentos deixados por familiares e povos antigos, alguns benzedores estão se reunindo e formando escolas de benzimento no país. Os participantes – de diferentes idades e gêneros – aprendem e depois passam a atender a comunidade. Existe um movimento nacional para o resgate desse conhecimento. Em algumas cidades, os benzedores têm a garantia de poder exercer a atividade junto ao Sistema Único de Saúde (SUS), como prática oficialmente reconhecida.

O benzimento é outra forma de cuidarmos do nosso corpo. Por meio dele, passamos a escutar nosso organismo e a sentir do que ele precisa. Muitas vezes, isso traz de volta nosso poder de conexão com a natureza, com o nosso Deus interno e com os ensinamentos do Cristo. Além do fato de, como já vimos, a ação dos benzedores encerrar às 18 horas, por ser o horário em que os anjos dizem amém, também temos que levar em consideração a natureza como base. Este é o horário em que as plantas se recolhem. O nascer do sol traz a energia da abertura das flores. No pôr do sol, elas se fecham. A energia da natureza é a mesma que trocamos e, como trabalhamos com ervas e raízes, é preciso entender esse movimento do benzimento.

Como descendente de benzedores, há cerca de 26 anos me conectei com a minha avó durante uma reunião espírita em São Paulo. A experiência despertou em mim a vontade de revelar mais sobre as histórias dos benzedores, para, talvez, tentar resgatar o caminho por eles percorrido sem terem transmitida a arte do benzimento. Muitos partiram na flor da idade e não puderam passar seus conhecimentos. Com o tempo dedicado à pesquisa sobre a prática, percebi que a tradição tendia à perda de reconhecimento. As pessoas mais novas geralmente querem respaldos tecnológicos e científicos. E muitas mães e avós acabam não se reconhecendo, porque as próprias famílias não aceitam o trabalho delas. O mesmo aconteceu com as doulas, pela ameaça do saber científico e das famílias. Mas, por esse interiorzão do Brasil, no sertão, quem realiza esse trabalho até hoje são essas heroínas parteiras e benzedeiras. Lá, sim, elas recebem o seu devido valor como mulheres de Deus.

Especialistas em filosofia da ciência e da religião explicam que o benzimento vem da ideia de tentar agraciar outra pessoa com um bem. Esta prática é antiga e comum em diversas culturas, já que a noção de bênção é bastante ampla. O benzedor invoca, por meio da palavra, para que um *bem* aconteça a uma pessoa ou a um grupo, a partir de uma força não natural. Uma ajuda divina, espiritual. Os estudiosos ressaltam que a manutenção de tradições e ritos religiosos é uma forma que a humanidade adotou para superar o efeito destrutivo da passagem do tempo.

A tradição pode ser algo revolucionário na época em que estamos vivendo. O benzimento não se trata da manutenção do passado, e sim de uma forma de renovação do presente. Em relação à falta de reconhecimento de práticas antigas, prejudicadas pela valorização do saber científico, comenta-se que não há motivo para colocá-las em conflito com a abordagem técnica e científica. A vida humana é muito frágil e situações existenciais às vezes são bem difíceis. Em casos de doenças terminais, por exemplo, o fato de as pessoas recorrerem a mais de uma tentativa de solução é absolutamente legítimo, desde que não haja nada de errado do ponto de vista ético.

Para a benzedeira Fabíola Augusta Fernandes, de 25 anos, a escolha por adotar a prática partiu da vontade de criar laços com a bisavó, que também exerce o ofício. Antes de fazer parte de grupos que criei para perpetuar a arte do benzimento, ela nunca havia benzido alguém. Hoje, a acupunturista e doula conta que o número de pessoas à procura de benzedores tem crescido cada vez mais. Ela diz que, quanto mais as pessoas conhecem, mais a procuram no interior de Minas. E Fabíola sente uma alegria muito grande por estar lá, sendo útil e oferecendo conforto, e depois que o trabalho acaba geralmente ela percebe que está muito mais recarregada e abastecida do que quando chegou. A jovem benzedeira revela sentir a riqueza do Divino em seu ser.

Em meus atendimentos, costumo usar uma base comum de orações, sempre solicitando proteção ao Espírito Santo e aos santos, e pedindo a permissão ao anjo da guarda da pessoa. Quando o benzedor está na frente de uma pessoa, ela geralmente tem uma história de sofrimento ou, às vezes, só quer ser benta para se sentir bem. Por isso, a fala da reza é muito intuitiva. Há a parte inicial, por meio da qual chamamos espíritos divinos, seguindo a linha de elevar aquela pessoa e de buscarmos, juntos, a cura e o caminho.

Hoje, eu me conecto com as forças da natureza e, principalmente, com a do amor acima de tudo. O que passo a quem atendo é uma energia proveniente disso, para despertar sentimentos poderosos de gratidão, amorosidade e carinho. Há muitos casos de pessoas com depressão e ansiedade buscando benzimento. Entendemos isso como uma desconexão do eu com a natureza. E também existem muitos relatos de entorses, maus-olhados, sensação de que as coisas não estejam bem ou que estejam dando muito errado. Além disso, há muitas crianças levadas pelos pais, alegando que elas estão bastante agitadas e que acordam várias vezes durante a noite. Em muitos desses casos, elas saem de lá dormindo.

Outros casos muito corriqueiros são os pets, que estão recebendo as energias de olho-gordo e de doenças dos seus tutores. Existe uma real preocupação com esses animais, porque muitos ficam doentes e seus donos não se dão conta de que estão transmutando as energias para si. Como na maioria dos casos eles não têm mais muito contato com a natureza para se limparem daquele encargo, acabam adoecendo e até perdendo a vida. Por isso, a necessidade de resgatar o benzimento para também ajudar os animais.

## O BENZIMENTO SEGUNDO A CIÊNCIA

Muitas pessoas ainda consideram que os benzimentos não passam de misticismo. Porém, a ciência moderna já demonstra que é real. Veja o que alguns cientistas descobriram e também conheça um campo de estudo que pode explicar a ação das rezas:

**Masaru Emoto:** Fotógrafo, escritor e pesquisador japonês, ele fez experiências analisando as moléculas da água. Conseguiu mostrar que os pensamentos e as palavras de amor e ódio têm efeito sobre as moléculas que formam os tecidos e os sistemas de nosso corpo, preservando-os ou até destruindo-os, como acontece com as energias negativas no benzimento.

**Pjotr Garjajev:** Biofísico e biólogo russo, provou que o DNA pode ser reprogramado por palavras e frequências. O benzimento trabalha justamente dessa forma. Além disso, há evidências de um novo tipo de medicina, na qual o DNA pode ser influenciado e reprogramado por palavras e frequências, *sem* eliminar ou substituir um único gene. E quando falamos as orações e rezas no benzimento, o DNA também reage. O ato de benzer atua reprogramando o organismo do atendido com as palavras em forma de orações e rezas, que provocam vibrações e frequências que reprogramam o DNA do benzido, devolvendo a bênção do criador ao seu corpo.

**Fabien Maman:** Músico, compositor, acupunturista, autor, pesquisador, curandeiro, professor, especialista em bioenergética e artista marcial. No início dos anos 1980, ele conduziu seus experimentos revolucionários de biologia na Universidade de Jussieu, em Paris, mostrando os impactos do som acústico nas células humanas e seus campos de energia. Fabien descobriu que, por meio de uma série de sons acústicos, ele poderia explodir células cancerosas, bem como energizar e capacitar as saudáveis. A Terapia do Som é um tratamento baseado na descoberta de que as células sanguíneas humanas respondem às frequências sonoras, mudando de cor e forma. Assim, há a hipótese de que células doentes ou nocivas podem ser curadas ou harmonizadas pelos sons.

**Cimática:** Ciência que estuda o som e as vibrações. E vale lembrar que a nossa voz contém som e vibração. Foi comprovado que as orações vibram a 432 hertz, que é a frequência de Deus (4 + 3 + 2 = 9, e 9 é a consciência de Deus) – até mesmo o gênio Nikola Tesla reconheceu isso. O estudo do som e da vibração visível prova que a frequência é a chave-mestra e a base organizacional para a criação de toda a matéria e vida neste planeta. Quando as ondas sonoras se movem através de um meio físico, como areia, ar ou água, a frequência delas tem um efeito direto sobre essas estruturas. E, como o corpo humano é composto por mais de 70% de água, as ondas sonoras têm o mesmo efeito sobre nós.

CAPÍTULO 6

# Alinhamento dos chacras com a ajuda do Pai-Nosso

Chacras são centros de energia localizados em nosso corpo sutil e podem sofrer alterações vibracionais. Eles formam um sistema que só atua quando está perfeitamente unido. Assim, se um deles se desordena, pouco tempo depois os chacras adjacentes refletem alterações, em virtude da desarmonia vizinha. Podemos tratar o chacra que está em desarmonia e melhorar o estado dos outros afetados por ele, mas nem sempre o sistema fica bem ajustado. Por isso, alinhar esses centros de força é dar ao sistema energético condições perfeitas, permitindo que retome a condição de harmonia original.

Uma das formas de fazer isso é pela oração do Pai-Nosso, que alinha os chacras com a frequência de 432 hertz. Como todas as preces poderosas, foi dada à humanidade com múltiplos propósitos. Ela contém sete afirmações, que agem em sete níveis de vibração distintos. Então, para mudar a condição dos chacras, vou mostrar como direcionar a energia dessa prece para dois níveis de influência (o material e o sutil), permitindo que as suas vibrações ajudem a recompor o corpo físico e o corpo espiritual.

Você pode achar que é muito simples o que vou ensinar ou que é algo tão fácil de fazer que nem dará resultado. Mas saiba que sistemas complicados atendem a interesses de pessoas que não têm fé. E você tem fé e acredita no poder de Cristo, não é mesmo? Ele disse que tudo que fez qualquer um poderia fazer. E agora você vai usar a prece que Ele nos deixou para mudar as suas vibrações. A oração do Pai-Nosso promove o alinhamento dos chacras porque há, em seus sons, um poder criador fantástico, o qual pode ser direcionado para muitas aplicações. Ao direcionar o poder das palavras do Pai-Nosso para um objetivo superior, damos a essa prece um uso muito pouco explorado.

A seguir, vou apresentar o roteiro para alinhamento dos chacras seguindo a oração que Jesus nos ensinou. Porém, antes, é importante que você entenda um pouco mais sobre a ação desses centros de força nos pets.

## OS OITO CHACRAS DOS PETS

**Chacra Básico:** Simbolizado pela cor vermelha, é responsável pelo instinto de sobrevivência, levando os animais a tomarem atitudes pensando em sua permanência física no planeta. Esse vórtice também permite que o pet esteja mais próximo à energia proveniente da Terra. Localizado na base da coluna, o chacra da ponta da cauda é outro chacra secundário.

**Chacra Sexual ou Umbilical:** Representado pela cor laranja, sua ação está diretamente ligada aos impulsos sexuais, que são muito comuns quando falamos de seres não-humanos. Esse vórtice energético é responsável por diminuir as atividades sexuais de animais que são da mesma família e vivem juntos na mesma casa.

**Chacra do Plexo Solar:** Associado à cor amarela, é considerado a chave para a interação e comunicação dos pets com os seus tutores. Quando esse vórtice está ativado em um cão ou gato, ele consegue se unir ao plexo solar de seu tutor, promovendo uma conexão energética bastante forte entre os dois.

**Chacra Cardíaco:** Aparece na cor verde e/ou rosa, e representa a energia amorosa compartilhada entre o pet e o tutor. E, uma vez que o animal se conecte com ele, conseguirá amá-lo incondicionalmente. Todo esse amor pode ser fortalecido ainda mais por meio do vórtice energético cardíaco.

**Chacra Laríngeo:** É simbolizado pela cor azul-clara e está ligado à comunicação dos pets. O seu desenvolvimento é um pouco diferente, se comparado ao chacra laríngeo dos humanos. Afinal, os pets não dependem somente da vocalização para se comunicar. Nos cães e gatos, essa energia é usada para uma comunicação consciente e com alguma intenção por trás, como, por exemplo, quando querem comunicar algo para nós com seus latidos, uivos, miados e ronronados.

**Chacra Pineal ou Frontal:** Representado pela cor violeta. Assim como nos tutores, está focado no centro da visão psíquica – ou extrafísica –, que nada mais é do que a principal responsável pelas nossas percepções. Cães e gatos possuem seus sentidos mais aguçados se comparados aos seres humanos. Portanto, seu vórtice frontal é ainda mais poderoso.

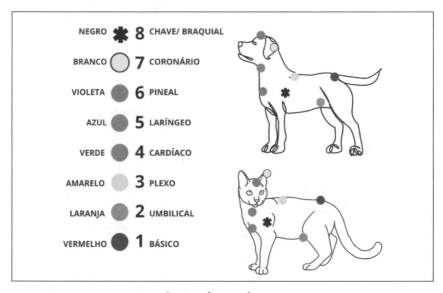

*Os oito chacras dos pets*

**Chacra Coronário:** Geralmente, é visto nas cores branca, violeta ou dourada. Está diretamente conectado com o Divino (Deus). Está presente em todos os seres vivos, independentemente da espécie.

**Chacra Braquial ou Chave:** Ele é exclusivo de cães e gatos, podendo ser representado pela cor preta. Está localizado em ambos os lados do corpo, na área dos ombros (é um grande plexo nervoso que origina os nervos que compõem o membro torácico). Mesmo sendo pouco estudado pela literatura, esse chacra é considerado muito poderoso, por auxiliar o animal a se sentir mais confortável para receber o tratamento. Além disso, é o centro que relaciona a interação tutor-pet, formando e mantendo o vínculo entre eles. Qualquer tratamento deve sempre começar por este chacra. Ele é o mais forte de todos e é o canal de acesso aos outros principais. Assim, por meio dele, podemos energizar todos os outros chacras. Os pets que têm uma ligação forte e saudável com seus companheiros tutores costumam ter um chacra braquial vibrante. Ao ser tratado, a energia é enviada ao corpo inteiro. Os cães gostam de ser coçados nesta área, que é muito sensível.

## COMO FAZER O ALINHAMENTO

A seguir, apresento duas versões para o alinhamento dos chacras. A primeira é para quem vai fazer o alinhamento em si mesmo, ou seja, o benzedor realiza o autotratamento. A segunda versão é para quem vai fazer o alinhamento tanto no tutor quanto no pet. São roteiros que devem ser repetidos diariamente, durante uma semana. Algumas pessoas sentem-se tão bem com a prática que prolongam o período, chegando a fazer por 49 dias, que é um número significativo por conter sete vezes o sete. Vamos lá:

### Para o benzedor

Deite-se, preferencialmente com a cabeça voltada para o Norte. Use uma roupa que não seja apertada, para evitar interferências no fluxo energético. A cintura deve estar livre, sem elástico ou cintos. Os pés podem ficar descalços. Na cabeça, procure não usar adornos, nem prender o cabelo com elásticos ou fivelas. Não fique com óculos, colares ou correntes no pescoço.

### Passo a passo

Diga: "Neste instante, com a graça de Deus e com a luz de meu Mestre Jesus Cristo, dou início à cura da minha alma e do meu corpo". Una as palmas das mãos e esfregue uma na outra, até sentir que estão aquecidas. Em seguida, coloque a mão com a qual escreve voltada para o topo da sua cabeça (o sétimo chacra), mas sem tocá-la. A outra mão deve repousar ao lado do corpo. Faça três respirações profundas. Diga em voz alta: "Pai-Nosso que estais nos céus, santificado seja o vosso nome".

Agora, coloque a sua mão sobre a pélvis (primeiro chacra), mas sem tocá-la. Faça três respirações profundas. Diga em voz alta: "Venha a nós o Vosso reino".

Coloque a mão sobre a barriga, à altura do umbigo (segundo chacra) – agora, pode tocar o corpo. Respire três vezes, bem profundamente. Diga em voz alta: "Seja feita a Vossa vontade, assim na terra como no céu".

Mova a mão para a região do estômago (terceiro chacra), deixando-a repousar no local. Faça três respirações profundas. Diga em voz alta: "O pão nosso de cada dia nos dai hoje".

Agora, apoie a mão sobre o peito (quarto chacra), inspire e expire calmamente, três vezes. Diga em voz alta: "Perdoai-nos as nossas ofensas, assim como nós perdoamos a quem nos tenha ofendido".

Posicione a mão na garganta (quinto chakra) e faça três respirações profundas. Diga em voz alta: "E não nos deixeis cair em tentação".

Mova a mão para a testa (sexto chacra). Respire profundamente, três vezes. Diga em voz alta: "Mas livrai-nos do mal. Amém".

Finalize, dizendo: "Senhor, por Vossa obra, meu corpo é perfeito! Senhor, por Vossa obra, a minha alma está em harmonia! Obrigado".

## Para o tutor e para o pet

Nem todos têm motivação para realizar o alinhamento de chacras em si mesmos. Por isso, algumas pessoas precisam ser ajudadas por um benzedor. Dar essa colaboração é um ato de compaixão por um irmão tutor e a um pet. É mais fácil fazer isso se a pessoa estiver deitada, sendo preferível com a cabeça voltada para o Norte. Se optar pelas posições de pé ou sentada, deverá ficar de costas para o Norte. Para não interferir no fluxo energético, a roupa usada precisa ser confortável, sem elástico na cintura ou cintos apertados. Os pés podem ficar descalços. Deve-se tirar óculos, colares, correntes e enfeites da cabeça, deixando os cabelos soltos. No caso dos pets, afrouxe a coleira e, se necessário, ponha uma focinheira.

### Passo a passo

Fique do lado direito do tutor e ou do pet, usando a mão com a qual escreve para sobrepor aos chacras – em nenhum momento, toque o corpo de quem está recebendo o alinhamento dos chacras. Comece dizendo em voz alta: "Neste instante, com a graça de Deus e com a luz de meu Mestre Jesus Cristo, dou início ao benzimento de cura da sua alma e do seu corpo".

Esfregue as palmas das mãos, até sentir calor. Leve a sua mão acima da cabeça do tutor ou do pet, com a palma voltada para o topo da cabeça (sétimo chacra), mas lembre-se de não tocá-la. A sua outra mão deve permanecer ao lado de seu corpo. Faça três respirações profundas. Diga em voz alta: "Pai Nosso que estais nos céus, santificado seja o Vosso nome".

Agora, coloque a sua mão à altura dos pés do tutor ou das patas do pet (primeiro chacra). Faça três respirações. Diga em voz alta: "Venha a nós o Vosso reino".

Sobreponha a mão sobre a barriga do tutor ou pet, na altura do umbigo (segundo chacra). Respire três vezes, bem profundamente. Diga em voz alta: "Seja feita a Vossa vontade, assim na terra como no céu".

Mova a mão para a região do estômago (terceiro chacra) do tutor ou pet. Respire três vezes, profundamente. Diga em voz alta: "O pão nosso de cada dia nos dai hoje".

Coloque a mão à altura do peito do tutor (quarto chacra). Se for para o pet, deve ser posta sobre o chacra braquial, localizado em ambos os lados do corpo, na área dos ombros. Inspire e expire calmamente, três vezes. Diga em voz alta: "Perdoai-nos as nossas ofensas, assim como nós perdoamos a quem nos tenha ofendido".

Posicione a mão na garganta (quinto chacra). Faça três respirações profundas. Diga em voz alta: "E não nos deixeis cair em tentação".

Mova a mão para sobrepô-la à testa (sexto chacra). Respire profundamente três vezes. Diga em voz alta: "Mas livrai-nos do mal. Amém".

Para encerrar, peça que o tutor repita com você: "Senhor, por Vossa obra o meu corpo é perfeito! Senhor, por Vossa obra a minha alma está em harmonia! Obrigado".

*Observação importante*: Nos pets, trabalhamos o total de oito chacras; no tutor, os sete chacras principais.

CAPÍTULO 7

# Como funciona o benzimento veterinário

Qualquer um pode se benzer. Já o principal pré-requisito para se tornar benzedor é ter fé. Não necessariamente religiosa, mas fé de que algo maior orienta suas ações no sentido do amor e do bem-querer. Isso tudo é para que você possa bendizer as pessoas e os animais que vêm à sua procura em um momento de dor e sofrimento. Mas é necessário ter amor disponível, porque um benzedor não oferece o benzimento – é a pessoa que deve pedir e, nesse momento, ele se abre para isso. Não podemos interferir no livre-arbítrio do outro. Você não pode benzer alguém que não queira, senão a troca não acontece.

O benzimento pode ajudar seus animais de estimação e também os silvestres em geral. Veterinários e tutores podem solicitar o benzimento. Em clínicas veterinárias, é uma ferramenta que promete vários benefícios para cachorros, gatos, animais de grandes portes, aves, peixes, animais silvestres e exóticos.

Benzer é um procedimento muito comum entre os humanos, há muitos e muitos anos. Evidentemente, outros seres também podem aproveitar os benefícios desse tratamento, incluindo os pets. O benzimento é uma técnica de cura pelo comando verbal (orações), pela imposição das mãos realizando sinais da cruz e, ainda, pela utilização de ervas, água-benta, sal grosso, azeite de oliva e alguns outros objetos (como velas, crucifixos e facas) que buscam alinhar os centros de energia do corpo dos animais – como já vimos, chamados de chacras. Isso promove o equilíbrio energético de seus corpos astrais, melhorando a saúde física, mental e espiritual.

Vale lembrar que a fisiologia animal também é composta de moléculas de água. Assim, ao receberem o benzimento, essas moléculas voltam ao estado divino da sua forma perfeita, como veremos nos casos de olho-gordo e invejas. Vamos, então, entender como o benzimento pode ajudar na hora de cuidar de seu cachorro e até a melhorar o comportamento do seu gato.

A técnica do benzimento veterinário não é muito diferente da aplicada em humanos. Tanto nas pessoas como em animais, a transmissão da energia vital é feita, como já vimos, com verbalizações de orações, imposição das mãos, ervas, velas, crucifixos, etc. – ou, até mesmo, sem nenhum objeto ou outro recurso.

Diferentemente das épocas antigas, hoje tudo funciona melhor quando alguém é capacitado com cursos e estudos específicos sobre o benzimento. Não basta tão somente aplicar a energia sobre o corpo do animal. Isso tem que ser feito levando em conta os chacras dele, assim como nos humanos.

A veterinária Cristina Cazumi Arakaki, que utiliza o benzimento em seus atendimentos como ferramenta integrativa, observou que muitas vezes essa prática é muito necessária no tratamento do famoso olho-gordo, que pode até matar seu animalzinho ou prejudicar seriamente seu tutor. Em casos de inveja e perseguição de inimigos declarados no serviço ou no meio social, quem acaba recebendo toda a carga energética é o seu animal. Dizer que nossos animais possuem esse papel de proteger seus tutores é real, mas também devemos protegê-los, porque, muitas vezes, a inveja é do próprio animal.

O benzimento é uma ferramenta integrativa de muita importância para o profissional que lida com a saúde dos pets. E será pelos chacras que vai passar a chamada "energia universal", canalizada pelo benzedor. Segundo a doutora Cazumi, essa terapia é considerada bastante benéfica para o bem-estar dos bichinhos e pode ser aplicada, inclusive, em casos de doença ou dores. Além disso, animais sadios também podem aderir ao benzimento veterinário.

Não existem contraindicações para o procedimento. Quando benzidos, gatos e cachorros mudam seus comportamentos. Até porque, de acordo com a veterinária, o benzimento também é uma energia universal, que é inteligente e sempre vai beneficiar o paciente. Por isso, ele pode ser realizado independentemente da crença ou da religião que você siga. Trata-se de um instrumento de fé, composto por um conjunto de rezas e rituais que só depende da força de vontade de quem o faz para dar certo.

Além de benzer pessoas, também podemos fazer o ritual com nossos animais de estimação. Quando estão doentes ou até mesmo na rotina, como um ato de proteção, o benzimento de pets pode ser muito eficaz. Não existe hora ou lugar para realizar um bom benzimento. O importante é a força que o benzedor vai usar nas etapas de seu ritual. Quem cuida de um animal sabe como ele pode ser um fiel companheiro. Portanto, não meça forças para proteger ou ajudar seu pet a se manter saudável e feliz.

A ciência vem demonstrando que nossos irmãos animais estão sujeitos às mesmas energias que os humanos. Porém, eles são muito mais sensíveis a receber e assimilar a influência de campos e vibrações com as diversas frequências de onda. Sentem (e até escutam) as emanações e sensações que nós estamos perdendo. Essa capacidade de perceber e sentir é preservada nos animais. Já os humanos estão perdendo, a cada dia, esse dom. Vivemos num mundo de muita tecnologia, que está facilitando demais as nossas vidas, mas isso tem um preço muito alto: estamos deixando nossos dons naturais de lado.

Enquanto isso, os animais usam e abusam de seu sexto sentido, sendo mais sensíveis do que nós às variações energéticas do ambiente. Como se baseiam mais nos sentidos do que na razão, eles percebem mais facilmente do que nós a qualidade da energia de um lugar. O instinto é tudo na vida de um animal, seja ele doméstico ou silvestre. E nós, humanos, investimos mais na razão, deixando nossos instintos cada vez mais distantes. Estamos perdendo até as sensibilidades corporais de nossos cinco sentidos, e nem estamos dando conta disso. Isso sem falar no sexto sentido... Hoje, podemos contar nos dedos das mãos quem ainda o tem.

## SENSIBILIDADE NAS PATINHAS

Gatos, lobos e cães percebem as mudanças de energia pelas patas e também pelos bigodes. Por exemplo, eles sentem os movimentos e a vibração quando um tremor de terra está próximo. Cavalos e bois saltam as cercas em fuga, e, pelo canto, pássaros avisam outros pássaros do perigo. Nós, humanos, perdemos essas capacidades de saber que o vento do leste vai trazer chuvas ou que o cheiro de terra molhada está avisando que a chuva está próxima. Preferimos analisar instrumentos meteorológicos para começar a tomar uma atitude.

Quando um gato percebe um ser espiritual negativo, fica todo arrepiado e avança no vazio ou até parte para atacar a pessoa que está acompanhada desse espírito que incomoda o felino pelo seu visual astral, assim como pela carga energética que acaba roubando sua energia vital. Ele tem que se defender mesmo. Enquanto seu tutor não percebe – e muitos realmente não sentem – essa vibração energética lhe alterando e mudando seu campo vibratório, o animal parte em sua defesa, e acaba, muitas vezes, perdendo bastante energia e comprometendo sua saúde. Fica amuado, triste, vomitando... Isso porque seu segundo chacra foi descarregado e desvitalizado, pondo em risco a saúde do bichano.

Além disso, quando uma pessoa tem medo de cachorro, ele sabe disso. Nessa hora, o organismo humano libera hormônios pelas glândulas sudoríparas, que serão exalados junto com o suor, sendo captados pelo olfato canino com muita facilidade. Os cães possuem 300 milhões de células olfativas, enquanto nós só temos 5 milhões. Por isso, são excelentes farejadores, sentindo, inclusive, o cheiro do medo. O nosso suor é muito importante para a leitura deles de nossos comportamentos. Pelo olfato, cães sabem quando seu tutor está ficando doente – são capazes de identificar até cânceres –, estressado, triste, com depressão, com raiva... Sabem, inclusive, quando sua tutora está grávida antes mesmo de ter o resultado de gravidez.

## OPÇÕES DE BENZIMENTO PARA PETS E TUTORES

Benzedores, só de olharem para o animal, já sabem do que ele está precisando. Mas você também é capaz de desenvolver isso. Coloque em prática algumas dicas de benzimentos que a doutora Cazumi utiliza no seu dia a dia junto aos animais atendidos (e alguns deles também podem ser usados para benzer os tutores):

### Para afastar mau-olhado de tutores e pets

Em uma sexta-feira, amarre uma fita vermelha fina no pescoço do seu pet. Não deixe que fique larga, nem apertada. Em seguida, peça a proteção de São Francisco de Assis e diga:

"Meu querido São Francisco, corta o mal que atingiu meu bichinho."

Repita três vezes a frase. Deixe a fita no animal durante, pelo menos, sete dias. Sempre que julgar necessário, repita a benzedura.

### Para afastar doenças de tutores e pets

Para manter a saúde do seu bichinho, coloque duas colheres de sal grosso em um copo com água. Ao lado do copo, acenda uma vela azul em um pires e ofereça ao anjo da guarda do seu animal, pedindo sua proteção. Quando a vela chegar ao fim, dê um banho no animal e despeje a água do copo em seu corpo, do pescoço para baixo. Realize a seguinte benzedura na primeira segunda-feira do mês, segurando o rosário na mão direita:

"São Camilo de Lélis, afaste do meu caminho todas as doenças que tu curastes em nome da Virgem Santa com o poder do seu Santo Rosário. Amém."

Após o ritual, lave e use o copo e o pires normalmente.

### Para evitar problemas na vida de tutores e pets

Um dia por semana, borrife essência de jasmim na caminha do seu pet. Enquanto faz isso, peça a São Francisco, protetor dos animais, a sua intercessão. Dessa forma, vai fortalecer seu lado espiritual e afastar todo o mal.

## Para encontrar animal desaparecido

Acenda uma vela branca sobre um pires, na entrada de um formigueiro. Ao lado, coloque três balas e peça às forças da natureza que ajudem você a encontrar o seu animal. Espere a vela queimar completamente. Jogue no lixo o que sobrar dela e as balas. O pires pode ser usado normalmente depois.

## Para a adaptação do animal ao seu lar

Quando o animal não se acostuma a viver em um lugar ou a ficar sozinho quando os donos saem, meça o comprimento dele com um barbante e enterre-o sob um tijolo, ao lado de uma muda de planta da sua preferência. Peça às forças da natureza que ajudem seu animal a ficar em paz no local.

CAPÍTULO 8

# Elementos de transmutação e suas orações

Existem vários elementos simbólicos presentes nos ritos da benzeção, e eles variam de benzedor para benzedor – embora haja elementos em comum a todos eles. De qualquer forma, os elementos que cada benzedor atribui ao seu rito dependem do tipo de benzimento a ser realizado. A água, o sinal da cruz e as ervas são os mais comuns. A agulha e o novelo destinam-se à reza de *coser carne triada*, ou seja, para resolver estiramentos musculares. Já a faca, a tesoura, a espada-de-são-jorge e a espada-de-santa-bárbara são elementos presentes contra o cobreiro, para cortar o mal.

Os santos, além de comporem o altar dos benzedores, são muitas vezes invocados na hora da benzeção. Por exemplo, em caso de erisipela, oferecem para São Roque, São Lázaro e São Sebastião. As velas, quando acesas antes do benzimento, permanecem no altar e continuam lá após a reza. Óleos ou azeites são elementos contra mau-olhado e erisipela. O sal também é usado contra mau-olhado.

A seguir, analisaremos mais profundamente alguns desses elementos tão necessários para a eficácia das benzeções, compondo o seu ritual.

## ÁGUA

Presente na maior parte dos ritos de benzeção, a água tem um significado simbólico ligado à purificação, à renovação e, consequentemente, à cura. É também a condutora, aquela que leva, que dissolve o mal enraizado. Trata-se de um elemento sagrado para as tradições religiosas, presente em batizados (como aconteceu com Jesus no rio Jordão), capaz de limpar as impurezas.

No contexto das tradições de religiosidade popular, sua presença é imprescindível, já que a sua simbologia está diretamente ligada à cura. A água pode curar em razão de suas virtudes específicas. No curso dos séculos, a Igreja se levantou muitas vezes contra o culto prestado às águas. Mas a devoção popular sempre considerou o valor sagrado delas.

Um elemento vital na benzeção contra sol na cabeça é quando uma garrafa com água é colocada virada para baixo na cabeça do consulente. É feito um movimento giratório, formando um redemoinho de bolhas que, associado às orações, tem o sentido de extirpar o mal, de excluir a dor e lançá-la para longe. Como é possível notar, o sentido da água nas benzeções pode estar relacionado à purificação, como também ao transporte da doença, o que complementa o sentido anterior de manter seu papel de regenerador.

Ao usar a água, uma frase tradicionalmente dita pelos benzedores – para indicar para onde o mal deve ir – é: "Vai para as ondas do mar, onde o galo não canta, onde ninguém vê o filho de Deus chorar".

## Oração da água

"Senhor! Tu me criaste no início da criação colocando-me primeiramente no firmamento, depois em forma de orvalho e, posteriormente, em forma de chuva, e finalmente fui colocada nos mares, nas geleiras, nas nascentes, nos córregos, nos rios, nos lençóis freáticos e nos grandes aquíferos. Então também me destes o poder de purificar tudo o que criastes. Amém."

## AGULHA E NOVELO

Esses elementos só foram encontrados na realização das benzeções de coser carne trincada, que é feita quando se torce algum membro ou quando há um estiramento muscular. O novelo representa o membro destroncado e a agulha, a ação restauradora de Jesus Cristo, curando-o. A benzeção ocorre no membro afetado, no qual o benzedor vai o cosendo, como se o costurasse.

## Orações da agulha e do novelo

"Com esta agulha benta eu vou coser este osso trincado, esta veia entupida, este nervo torto com o poder da Santíssima Trindade, Pai, Filho e Espírito Santo, eu coso tudo no seu devido lugar. Amém."

"O que costuro? Carne trincada, nervo rendido, osso torto ou quebrado. Assim eu costuro, como Jesus Cristo esteve no mundo."

"Com esta agulha e este novelo, que representa a carne de Cristo, eu tiro as dores tão fortes como as que Cristo sofreu. Com uma agulhada, eu transpasso a primeira dor que fica para trás; com a segunda, tiro da carne machucada toda a dor que Jesus passou, assim a sua dor também há de passar. Pai, Filho e Espírito Santo. Amém."

"Carne destroncada, bem cavalgada e nervo torto, com a mesma agulha que é virtuosa eu coso para tudo voltar ao lugar. Em nome do Pai, do Filho e do Espírito Santo e da Virgem Maria, tudo está costurado no lugar. Amém."

## CARVÃO

Presente apenas nas benzeções contra mau-olhado e quebrante, o carvão em brasa é posto no copo d'água para constatar se o consulente está com o mal. Se atingir o fundo do copo, é sinal de mau-olhado. É o símbolo do fogo escondido, da energia oculta. Um carvão em brasa representa uma força material ou espiritual contida, que aquece e ilumina; perfeita imagem do autodomínio em um ser de fogo.

Após fazer a benzeção, se o carvão afundar, jogue-o em água corrente e prepare tudo de novo, até não mais ir para o fundo. Você também pode deixar atrás da porta de entrada de casa, do lado esquerdo de quem entra, um copo com água, uma colher de sal grosso e três pedaços de carvão.

## Orações do carvão

"Com o carvão que foi queimado pelo fogo sagrado, agora vai tirar todo o mal deste lugar para ser queimado outra vez. Vem para dentro do carvão, coisa do mal, senão vai arder no fogo e de lá não viverá jamais. Pai, Filho e Espírito Santo. Amém."

"Carvão que o fogo já queimou e purificou, agora você há de trabalhar, retirando todo o mau-olhado de quem está olhando mal para cá. Puxa, seca e arregala, olho maldito, que há de secar e não vingar. Se afundar dentro deste copo com água salgada, é porque você tinha maldade. Se não afundou, foi só uma olhada, mas cuidado com seu olhar de maldade. O fogo ardente há de cegar. Amém."

## CRUZ

O sinal da cruz é presença marcante no início e no fim de qualquer benzeção, e também no decorrer de algumas delas. Ao se fazer o sinal da cruz, invoca-se a presença sagrada dos três integrantes da Santíssima Trindade: Pai, Filho e Espírito Santo. É um procedimento inicial para se livrar do mal.

Se você soubesse a importância de fazer o sinal da cruz, garanto que colocaria mais em prática. Muita gente o faz de maneira displicente, ficando apenas no gesto, sem a efetiva invocação da Santíssima Trindade. Mas o sinal da cruz não é um gesto ritualístico, e sim uma verdadeira e poderosa oração! Por meio dele, pedimos a Deus que, pelos méritos da Santa Cruz de seu Filho, Nosso Senhor Jesus Cristo, nos livre dos nossos inimigos e de todas as ciladas do mal que atingem nossa saúde física e espiritual.

Então, da próxima vez que fizer o sinal da cruz, procure ter reverência, consciência, fé e amor. Deve ser realizado com a mão direita, levando-a da testa à barriga. E do ombro esquerdo ao direito. Pode ser feito ao acordar, antes de comer, sair de casa ou de qualquer trabalho, nas horas difíceis e nas de alegria também. E não só sobre si, mas, sempre que possível, também na testa de seu filho, de seu cônjuge, de seu irmão...

A cruz se oferece como uma derivação dramática, como uma inversão da árvore da vida paradisíaca. Como acontece com a árvore da vida, a cruz é o *eixo do mundo*. Situada no centro místico do Cosmos, é a ponte ou a escada pelas quais pode-se chegar ou subir a Deus. Sob a perspectiva de uma escalada para alcançar Deus, as ervas medicinais nas mãos dos benzedores – em incansáveis movimentos da cruz – fazem menção à ponte para se chegar à árvore paradisíaca, livrando o consulente de todas as enfermidades.

Além do sinal da cruz, percebemos a presença do crucifixo e do terço nos altares dos benzedores que se denominam católicos.

### Orações da Santa Cruz

"Santa Cruz de Jesus Cristo, livre-me dos incidentes corporais e temporais. Santa Cruz de Jesus Cristo, eu vos adoro para sempre. Santa Cruz de Jesus Cristo, fazei com que os espíritos malignos e invisíveis se afastem de mim, conduzindo-me, Jesus, à vida eterna. Amém."

"Pelo sinal da cruz, livrai-nos, Deus Nosso Senhor, dos nossos inimigos! Em nome do Pai, do Filho e do Espírito Santo Amém."

"Pelo sinal do Santa Cruz (na testa), pedimos a Deus que nos dê bons pensamentos, nobres e puros. E que Ele afaste de nós os pensamentos ruins, que só nos causam mal. Livrai-nos, Deus Nosso Senhor. (Na boca.) Pedimos a Deus que de nossos lábios só saiam louvores. Que o nosso falar seja sempre a edificação do reino de Deus e para o bem-estar do próximo, dos nossos inimigos. (Sobre o coração.) Para que em nosso coração só reine o amor e a lei do Senhor, afastando-nos, pois, de todos os maus sentimentos, como o ódio, a avareza, a luxúria. Fazendo-nos verdadeiros adoradores. Em nome do Pai, do Filho e do Espírito Santo. Amém!"

"A Cruz Sagrada seja minha luz, não seja o dragão meu guia. Retira-te, satanás, nunca me aconselhes coisas vãs." (Reza da Cruz Sagrada de São Bento)

## ERVAS

Presente na maioria das benzeções de cura, a erva representa o remédio, o antídoto para as enfermidades. É colhida na hora do rito, geralmente em quintais cultivados pelos benzedores. Em algumas benzeções, à medida que o rito se desenvolve, as ervas vão murchando, caindo, como se absorvessem o mal. Depois dos ritos, elas são sempre descartadas, não tendo mais serventia. Após as benzeções, alguns benzedores recomendam banhos com certas ervas, a fim de garantir a permanência do bem-estar do consulente.

Segundo o *Dicionário de Símbolos*, elas simbolizam tudo o que é curativo e vivificante, restauram a saúde, a virilidade e a fecundidade. As ervas medicinais ilustram, pelas virtudes que lhes são atribuídas, a crença de que a cura só pode vir de uma dádiva divina, como tudo o que tem relação com a vida. O uso das ervas e suas propriedades medicinais é uma constante no universo das benzeções, estando atreladas às atividades desenvolvidas sobretudo pelas mulheres desde tempos imemoriais. A seguir, conheça as ervas mais utilizadas pelos benzedores.

**Alecrim:** Erva de odor forte e agradável, é estimulante e expectorante, sendo muito utilizada para combater problemas respiratórios, como asma e bronquite. Também possui propriedades que ajudam a melhorar a circulação sanguínea, além de estimular o bom humor e melhorar a memória, graças às suas propriedades estimulantes. É usada nas benzeções contra mau-olhado.

**Alho:** O alho sempre foi utilizado pelos homens para se protegerem das energias negativas, malignas, trevosas e diabólicas. Nos rituais de exorcismo, o alho afugentava os demônios e espíritos elementares, e ainda é largamente usado em benzimentos até os dias de hoje, assim como para proteger das energias negativas.

**Arruda fêmea ou macho:** Conhecida popularmente como a planta que afasta o mau-olhado, tem aroma forte. O seu uso em ritos religiosos vem de tempos antigos. Ligada a vários ritos africanos, no começo da era cristã era também considerada uma erva santa. Vassourinhas feitas com seus ramos serviam para espargir água-benta sobre os fiéis nas missas solenes. Na Idade Média, era considerada uma proteção poderosa contra as feiticeiras. Já nos tribunais ingleses do século 17, ramos de arruda eram colocados nos bancos para evitar as doenças de cadeira.

A medicina popular faz uso da arruda para tratar doenças, como reumatismo, vista cansada e dores de ouvido. Deve ser usada com cautela, já que se torna tóxica quando consumida em grandes quantidades. É também abortiva, sendo contraindicado o seu manuseio por mulheres grávidas.

**Assa-Peixe:** Erva de origem brasileira que dispensa maiores cuidados no seu cultivo, propagando-se facilmente em terras áridas. Seu chá tem efeito anti-inflamatório e a erva também é conhecida como um analgésico natural. O uso nos ritos restringe-se às benzeções feitas contra cobreiro.

**Guiné:** Conhecida popularmente como "amansa senhor", o chá da erva era feito pelos africanos que foram escravizados no Brasil e dado aos seus senhores com o intuito de deixá-los prostrados. Se ingerida em grandes doses, é também abortiva. Compressas de suas folhas podem ser usadas contra picada de bicho peçonhento. Recomenda-se banho da erva para purificar a aura e afastar todo tipo de obsessões espirituais. É utilizada nas benzeções contra mau-olhado, quebrante e espinhela caída.

**Manjericão ou Alfavaca cheirosa:** De origem indiana, o manjericão é o símbolo da prosperidade. Erva extremante perfumada, muito apreciada na culinária do Brasil e da Europa. De acordo com a medicina popular, tem poder sedativo, e o chá feito de manjericão é usado no combate à enxaqueca e à gastrite. É usado nas benzeções contra mau-olhado.

## FACA, TESOURA, ESPADA-DE-SÃO-JORGE OU ESPADA-DE-SANTA-BÁRBARA

Em diversas regiões, assim como a tesoura, a espada-de-são-jorge e a espada-de-santa-bárbara, a faca tem o poder de afastar as influências maléficas. Assim como em sua função doméstica, ela é utilizada nos ritos de benzeção com a finalidade de cortar, modificar algo. Constatamos a presença da faca apenas na benzeção contra cobreiro. Assim, ao riscar a faca no chão, o benzedor corta o mal, afastando-o do consulente. Quando ela é passada no chão, ao mesmo tempo se pronuncia:

"Cobreiro eu corto; rabo, cabeça e meio deste ser e deste animal que está sofrendo deste mal de pele".

### Oração da espada de São Jorge

"Oh! Glorioso guerreiro São Jorge, eu te suplico confiante que serei atendido neste momento difícil da minha vida, em nome de Nosso Senhor de luta, venha cortar todo o mal e principalmente (faça o pedido). Amém."

## ÓLEO E AZEITE

Assim como Jesus foi ungido com óleo logo após seu batizado nas águas do rio Jordão, o óleo nas benzeções carrega o simbolismo de uma representação sagrada, da presença de Deus. Usar óleo ou azeite é invocar a presença efetiva do sagrado e da prosperidade. O azeite é símbolo de luz, pureza e prosperidade, e assim se pronuncia: "Em nome do Pai, do Filho e do Espírito Santo, com este óleo ungido por Deus, eu te livro de todas as garras de Satanás. Estais protegido e abençoado com o poder do Cristo. Amém".

### Orações do óleo

"Deus, peço que o Senhor traga a unção a este óleo em seu nome, purifique-o de todo o mal e torne-o sagrado para a sua adoração, em nome do Pai, do Filho e do Espírito Santo. Amém."

"O Senhor levantará e, se ele tiver pecados, será perdoado. Confessem mutuamente os próprios pecados e orem uns pelos outros, para serem curados. Pai, filho e Espírito Santo. Amém." (Para enfermos.)

## SAL

É utilizado contra o mau-olhado. Elemento também comum, é usado em procedimentos de limpeza após o ato da benzeção. O sal tem o poder de purificar os lugares e objetos que, por inadvertência, estiverem maculados.

### Oração do sal

"Com este sal sagrado do suor do Cristo, eu expulso de tudo o que tiver de mal, pois o Cristo pagou e livrou de todos os males, e tudo salvou. Amém."

## VELAS

Elementos presentes nos rituais de benzeções, muito embora não sejam usadas nos ritos. Entretanto, alguns benzedores, antes de iniciar suas benzeções, acendem velas em seu altar. No geral, são utilizadas velas brancas, que simbolizam a paz e a presença do anjo da guarda protetor. Acesa significa vida, fé e presença do homem cristão.

### Oração da vela

"Tudo representa a luz de Deus Pai, afastando as trevas e todo o mal. Você que tem medo da luz, saia e se arrependa ou aceite ir para a luz de onde um dia veio. Amém."

CAPÍTULO 9

# Os santos dos pets

A devoção aos santos é muito comum na religião católica, principalmente na sua vertente popular. As imagens são cultuadas e a eles também se clama no ato da benzeção, dependendo do mal que se queira obter a cura. Os santos são vistos como intercessores de Deus, pessoas que, quando viveram na Terra, foram capazes de realizar milagres, sendo canonizados após a morte.

Eles são associados aos seus milagres. Assim, nas benzeções, cada um dos santos pode melhor interceder em determinada cura. Por exemplo, Santa Luzia, a santa dos olhos, é invocada contra a conjuntivite; São Brás é quem cuida da garganta, dos engasgos; e São Jorge protege contra os maus olhos do inimigo. No caso dos pets, também existem os santos protetores dos animais, que podem ser acionados na hora das benzeções. Vamos a eles.

### SÃO FRANCISCO DE ASSIS

Francisco Bernardone nasceu em Assis, na Itália, em 1182. Filho de um rico comerciante, passou a juventude em meio a diversões e ostentações. Porém, por volta dos 20 anos, partiu para a guerra contra a cidade de Perugia, e foi quando começou a perceber mais nitidamente as diferenças sociais. Na volta, caiu doente e, pela primeira vez, ouviu uma voz sobrenatural, que lhe pedia para "servir ao amor e ao Servo".

O grande chamado, contudo, aconteceu quando ele rezava sozinho nas ruínas da Igreja de São Damião, em Assis. Ele ouviu uma voz, que parecia sair do crucifixo, dizendo: "Vai e repara a minha casa". Ele vendeu tudo o que tinha, disposto a recuperar a igreja arruinada. Seu pai ficou indignado, levando-o para casa, batendo nele e o acorrentando pelos pés. A mãe, porém, o libertou, e o jovem retornou a São Damião.

Seu pai foi de novo buscá-lo. Mandou que ele voltasse para casa ou que renunciasse à sua herança. Francisco então disse: "As roupas que levo pertencem também a meu pai, tenho que devolvê-las". Em seguida, se desnudou e entregou suas roupas ao pai.

Foi assim que teve início a vida de plena entrega de Francisco de Assis ao puro amor de Cristo. Ele criou a Ordem dos Frades Menores e sempre se dedicava aos pobres e aos doentes – sobretudo aos leprosos, a quem não apenas cuidava das feridas, como também as beijava. Francisco amou tanto, que até os animais eram tratados com respeito e chamados de "irmãos", chegando a pregar para eles. O santo de Assis conseguiu, inclusive, conversar e acalmar um lobo que estava aterrorizando a cidade de Gubio. Não é à toa, portanto, que Franciso é considerado o protetor dos animais e o padroeiro da ecologia. Em 3 de outubro de 1226, aos 44 anos, ele se despediu deste mundo. Dois anos depois, foi canonizado pelo papa Gregório IX. Sua festa é celebrada em 4 de outubro.

### Oração a São Francisco de Assis

> "Senhor, fazei-me instrumento de vossa paz. Onde houver ódio, que eu leve o amor. Onde houver ofensa, que eu leve o perdão. Onde houver discórdia, que eu leve a união. Onde houver dúvida, que eu leve a fé. Onde houver erro, que eu leve a verdade. Onde houver desespero, que eu leve a esperança. Onde houver tristeza, que eu leve a alegria. Onde houver trevas, que eu leve a luz. Ó Mestre, fazei que eu procure mais, consolar, que ser consolado; compreender, que ser compreendido; amar, que ser amado. Pois é dando que se recebe, é perdoando que se é perdoado, e é morrendo que se vive para a vida eterna."

## Oração a São Francisco de Assis para salvar e encontrar um animal

"São Francisco misericordioso, peço ajuda para salvar (ou encontrar) este animal (*diga o nome dele*). Com a plenitude de tua compaixão, não permita que ele seja cruelmente tratado. Nem que permaneça em cativeiro. Peço ajuda a São Francisco, padroeiro dos animais. Que me ajude a salvá-lo (ou encontrá-lo). Em qualquer lugar da Terra. Em nome de São Francisco, que está presente em toda parte. Guia-me com teus olhos, para que possa salvá-lo (ou encontrá-lo). Cuide para que (*nome do animal*) esteja a salvo! Que assim seja. Amém!"

## Benzimento de São Francisco para pets

"Abençoe a todos os animais, domésticos, silvestres, marinhos, os animais saudáveis e principalmente os doentes. Acalma o coração de cada tutor aflito pela pronta recuperação do seu companheiro de jornada, abençoa todos os veterinários e que eles possam ter orientação do melhor tratamento para cada animal. Abençoe os animais que sofrem maus tratos e ilumine as pessoas que comentem maus tratos, para que possam enxergar em cada animal um filho de Deus, portanto nosso irmão. E que assim seja!"

## SÃO ROQUE

Não se sabe ao certo onde São Roque teria nascido, mas, segundo a Igreja Católica, foi provavelmente na cidade de Montpellier, na França, no ano de 1295. Cresceu em uma família cristã e muito rica, ficando órfão entre 15 e 20 anos. Com isso, acabou herdando toda a fortuna da família. Porém, Roque queria seguir os ensinamentos de Cristo e rejeitava o seu dinheiro. Para viver a vida em Cristo, ele deixou sua fortuna com um tio e partiu para Roma, onde ficou por três anos orando nas tumbas dos apóstolos. Nesse período, acabou contraindo uma praga e, para não ocupar um leito do hospital, decidiu ir para a mata, disposto a morrer sozinho.

Porém, nesse período em que ficou na mata esperando a sua morte, viu um riacho surgir com águas cristalinas e, ao beber, sentiu suas feridas cicatrizando. Paralelamente a isso, um cachorro o encontrou e sempre levava pão para ele. Até que, um dia, o dono do cão o seguiu e viu que Roque havia se curado da peste. Assim, ele conseguiu converter o tutor do animal. Seu dom de cura nascia ali.

Após ter ficado livre da praga, ele deixou a mata e partiu para algumas cidades, a fim de ajudar na recuperação dos doentes. Roque conseguiu, inclusive, controlar uma epidemia na Toscana, na Itália. De acordo com a Igreja, São Roque curava apenas com um simples sinal da cruz. Além disso, ele foi considerado o protetor dos cães e dos inválidos, e como o curador de doenças contagiosas, como a peste. O santo é celebrado no dia 16 de agosto e suas orações são poderosas. Se deseja afastar doenças da sua família, proteger os inválidos, os operados e os animais, aprenda a oração poderosa de São Roque.

## Para a cura de um cão doente

"Oh, São Roque! Deus te curou pela intervenção divina através de um cão, que te ajudou a sobreviver a uma terrível doença. Ele lhe ensinou o amor que você pode ter pelos animais e deu o dom de protegê-los e curá-los. Falo-te hoje, São Roque, porque o meu cão está gravemente doente e requer a sua intervenção divina para a sua completa cura. Protetor dos cães, você tem dedicado seu trabalho para defendê-los de todo o mal e eu te imploro hoje: salve meu cão (*diga o nome dele*). Ele foi meu fiel companheiro de aventuras, ensinou-me o que significa o verdadeiro amor e não posso deixar de suplicar que elimine de seu corpo a doença que o faz sofrer. Ele não demonstra, mas sei que está cansado de lutar. Por isso, peço-lhe que lhe dê força para continuar lutando. Amém!"

## Para encontrar um cachorro desaparecido

"Deus Todo-Poderoso, que me ensinou o amor incondicional e verdadeiro. Esse amor é o mesmo que senti pelo meu cão de estimação, pelo meu amigo. Peço-te, Deus, dá todo o seu poder a quem curaste através da bondade de um cão, para proteger o meu cão e ajudar-me a recuperá-lo. O meu cão está perdido, São Roque. Ele é um cão maravilhoso que não conhece o mal e só quer trazer amor para as pessoas, por isso ele não será capaz de reconhecer as pessoas que querem machucá-lo. Peço-lhe que traga o meu cão são e salvo. Deus coloque pessoas em seu caminho para cuidar, oferecer água, comida, abrigo e amor, até ele voltar para minha casa. Protege-o de todo o mal, tanto humano ou animal, não permita que seja ferido, pois ele é muito especial e não saberá se defender. Ilumina seu caminho, coloca o cheiro da família em seu focinho para que ele possa voltar para casa o mais rápido possível. Protege-o, imploro-te. Amém!"

## SÃO LÁZARO

Existem dois santos católicos chamados de Lázaro. Um é o que vivia em Betânia, irmão de Maria e Marta, e que foi ressuscitado por Jesus após quatro dias de sua morte. Mas o que é associado aos animais é o Lázaro que era mendigo e leproso, o qual é mencionado numa das parábolas de Cristo, em que ele começa dizendo: "Havia um homem rico que se vestia de púrpura e de linho fino e vivia no luxo todos os dias. Diante do seu portão fora deixado um mendigo chamado Lázaro, coberto de chagas; este ansiava comer o que caía da mesa do rico. Até os cães vinham lamber suas feridas".

De acordo com a parábola, quando Lázaro morreu, seguiu diretamente para a glória eterna. Já o rico foi para o submundo dos mortos, onde passou a viver atormentado. A imagem de São Lázaro mostra um homem coberto apenas com um manto, com as chagas expostas, usando muletas e ladeado por dois cães. Como Lázaro, enquanto vivo, não tinha ninguém para defendê-lo, contou sempre com a ajuda desses amigos de quatro patas, seus fiéis companheiros. É por isso que este santo é considerado o protetor dos leprosos, dos mendigos e também dos animais. Comemora-se o seu dia em 23 de fevereiro ou 21 de junho.

## Oração de São Lázaro para a cura de animais

"Deus Todo-Poderoso, que me concedeste o dom de identificar em todas as criaturas do Universo um reflexo da luz do Vosso amor; que confiaste a mim, humilde servo de Vossa infinita bondade, a guarda e proteção das criaturas do planeta; permiti que, através de minhas mãos imperfeitas e de minha limitada percepção humana, eu possa servir de instrumento para que Tua divina misericórdia recaia sobre este animal, e que através de meus fluidos vitais eu possa envolvê-lo em uma atmosfera de energia revigorante, para que seu sofrimento se desfaça e sua saúde se restabeleça. Que assim se cumpra a Vossa vontade, com o amparo dos bons espíritos que me cercam. Amém."

## Oração de São Lázaro para a proteção de cachorros

"Bendito seja, São Lázaro. Mostra o poder e os milagres concedidos por Deus e por Jesus Cristo a todos os fiéis crentes. Deus te encheu de amor e compaixão por todos os seres vivos, incluindo animais de estimação. Aqueles seres que, embora não tenham forma humana, podem mostrar humildade, amor e compaixão dignos de um filho de Deus, que só querem o bem dos seus mestres e farão o que for preciso para alcançá-lo. Você, protetor dos cachorros e dos mais necessitados, é aquele a quem vou hoje em busca da proteção divina para o meu cachorro. Peço-lhe que coloque seu manto protetor sobre todos os animais do planeta para que a adversidade possa surgir e eles possam cumprir o destino designado por Nosso Senhor. Você é o protetor dos cães e peço-lhe que, por favor, proteja o meu animal de estimação de qualquer mal que queira persegui-lo porque não posso sozinho. Eu preciso de sua ajuda e a do Senhor. Então, por favor, interceda junto a Deus pelo meu cachorro, para que ele tenha uma vida longa e saudável ao meu lado. Ele é o meu companheiro fiel e ama-me tanto quanto Deus lhe ensinou. Protege-o, São Lázaro. Amém!"

CAPÍTULO 10

# Orações e rezas para benzimentos

Chegamos, finalmente, à parte que você mais aguardava neste livro: os benzimentos para pets e tutores propriamente ditos, selecionados a partir do trabalho de diversos benzedores – e, inclusive, um benzimento que foi canalizado por mim. Aqui, apresento as rezas criadas por pessoas que dedicaram suas vidas a essa linda atividade de ajudar o próximo, inclusive os animais. Todos os benzedores citados neste capítulo cederam, espontaneamente, seus benzimentos para que sejam perpetuados.

Minha orientação é que você, primeiramente, leia todos as rezas. Somente depois deixe sua intuição escolher aquela que mais se aproxime de seus anseios como tutor e da necessidade de seu pet.

Para dar o comando da verbalização de seu desejo e aplicar o benzimento de forma correta, não deve existir dúvida ou receio. Compreenda que você tem todos os poderes divinos dentro de si. Por isso, não vacile e não duvide ao fazer suas afirmações. Creia e tenha fé no que está realizando.

Antes de rezar seus animais, a si próprio ou a algum outro tutor, respire profundamente e retenha o ar por alguns instantes. Ao soltá-lo, sinta seu Deus interno realizando a transformação à sua frente. Cuide bem de seus pensamentos e de suas palavras, para que a cura seja efetuada. Mas tenha em mente que, nas preces a seguir, os benzedores têm linguagem própria. Por isso, não estranhe o linguajar e adapte as rezas conforme sua intuição. O que importa é a intenção.

## PARA PETS E TUTORES COM COVID E DOENÇAS GRAVES
*(Javert de Menezes, Santo André-SP)*

No dia 22 de novembro de 2020, às 12 horas, em meio à pandemia, recebi uma canalização dos Bentos, antes de participar de uma live. Assim, tenho direcionado a seguinte reza para os pacientes com Covid-19:

"Santíssimo Sacramento te vem visitar. Para tirar do teu corpo todo o Covidão e seu mal. Arzão, Covidão, sai deste corpo e deixe-o são. Arzão, Covidão, maldito sai deste corpo e deixe-o bendito e são. Se for na cabeça, que o tire Santa Teresa. Se for no pulmão, que o tire Santo Antão. Se for no coração, que o tire São João. Se for no corpo todo, que o corpo de Cristo o tire. Com o dom e o louvor da Virgem Mãe de Deus. Com os poderes de seu Santo Rosário. Amém!"

Finalizar rezando um Pai-Nosso e uma Ave-Maria.

## BÊNÇÃO AOS ANIMAIS
*(Estevão Camolesi Bênção, São Bernardo do Campo-SP)*

Em sua cidade, Estevão costuma reunir cerca de 5 mil pessoas, que vão com seus cães, gatos, papagaios e outros pets para receber a seguinte bênção:

"Deus nosso Pai, louvado seja o teu nome de amor, de bondade, de sabedoria e de caridade. É impressionante, ó Senhor, o quanto contemplamos as estrelas, nós sabemos a magnitude da tua criação e a beleza do firmamento se contemplarmos a grandeza da tua glória. E nesse Universo infinito, de bilhões de galáxias e de quatro trilhões de estrelas incontáveis, o dedo da tua criação, que pousou sobre elas no momento que surgiram do fenômeno estudado pela ciência, o Big Bang. Alma Samambaia, que nasce na relva erguendo os seus galhos tão frágeis em direção ao sol.

Todo o dedo da tua criação repousou sobre ela antes. Por isso, Senhor, quando olhamos o reino mineral, quando olhamos a natureza, as montanhas e os prados, as campinas, os oceanos, os rios, as florestas, não há uma única espécie vegetal – da pequena semente à imensidão das florestas – que tenha sido criada sem a tua permissão. O dedo da tua criação foi que permitiu que ela existisse, em todo reino animal, da simplicidade da bactéria, um dos organismos unicelulares, um protozoário, à complexidade da raça humana, o somatório de bilhões de células, do simples protozoário ao homem, não há uma única espécie animal na Terra que foi criada sem a tua permissão. Por isso, Senhor, nós sabemos que foi também com a tua permissão que nossos irmãos animais foram criados, assim como nós fomos um dia, para crescer espiritualmente, para evoluir. O Senhor na Terra nos oferece esses animais para que possamos tutelá-los, como um Pai que cuida de um filho pequeno.

Por isso, ensina-nos, Senhor, a respeitar e amar todos os animais, que são seres tão puros, tão simples, carentes de todo nosso amor, do nosso olhar, de compaixão e de bondade. Senhor da luz, rogamos tuas bênçãos para esse animalzinho tão querido e amado que se encontra no lar desta pessoa que agora ora conosco, seja esse animal quem for, que ele receba as bênçãos de saúde, de felicidade, de paz de espírito, de alegria de bem viver.

Que seja muito amado, e que ame imensamente, e cumpra, assim, o seu propósito de vida aqui na Terra. E que longos e excelentes sejam os anos de sua vida, e que obstante a prova que ele possa ou não enfrentar, que seja sempre muito bem-querido e amado por todos nós.

Se ele já partiu para o mundo espiritual, que receba também a nossa oração. Por muitas vezes, sabemos que a espiritualidade os traz para perto de nós, a fim de nos consolar um pouco da dor da saudade, que é uma dor que dói nos dois mundos, e também para tranquilizar esse ser tão querido, tão carente da nossa presença, do nosso carinho, atenção e amor.

Senhor, rogamos a bênção do tratamento. Permita que essa água que separamos com tanto amor e carinho seja fluidificada, balsamizada, impregnada e envolvida com os melhores e mais poderosos fluidos espirituais e curadores. E quando, pela fé, dermos esta água para eles beberem, que eles estejam bebendo do espírito da cura e do tratamento que traz a paz.

Senhor, fazei de mim um instrumento da Vossa paz.
Onde houver ódio, que eu leve o amor.
Onde houver ofensa, que eu leve o perdão.
Onde houver discórdia, que eu leve a união.
Onde houver dúvidas, que eu leve a fé.
Onde houver erro, que eu leve a verdade.
Onde houver desespero, que eu leve a esperança.
Onde houver tristeza, que eu leve a alegria.
Onde houver trevas, que eu leve a luz.
Ó Mestre, fazei que eu procure mais.
Consolar, que ser consolado.
Compreender, que ser compreendido.
Amar, que ser amado.
Pois é dando que se recebe.
É perdoando que se é perdoado.
E é morrendo que se vive para a vida eterna.
Que assim seja, graças a Deus. E viva Jesus."

## PARA LIMPAR OLHO GORDO
## E INVEJA DO TUTOR E DO PET
*(Dina Madeira Munhoz, Alto da Serra-SP)*

Dona Dina, que faleceu em 2017, ajudava muito as crianças carentes, dando aulas e merenda, e tinha um dia específico em que ela fazia a seguinte oração aos animais:

"Ó Deus, nós vos suplicamos que alegre à Vossa Igreja a solenidade votiva do bem-aventurado Antônio, vosso confessor, para que fortalecido sempre com os espirituais auxílios mereça gozar os prazeres eternos. Por Jesus Cristo Nosso Senhor. Amém. (*Faça o sinal da cruz.*). Amém, amém, Amém."

O tutor deve responder: "Para que sejamos dignos das promessas de Cristo".

## PARA A PURIFICAÇÃO DO PET E SEU TUTOR
*(Alice de Souza, Rudge Ramos-SP)*

Dona Alice faleceu em 2007, aos 88 anos. Ela era muito respeitada em sua cidade, onde ajudou inúmeras pessoas e inclusive os bichinhos. Antes de atender alguém, para sentir o seu campo energético, ela usava a técnica do prato fundo com água, no qual pingava algumas gotas de azeite. Rezava o Pai-Nosso e falava o nome da pessoa três vezes, enquanto deixava pingar uma gota de azeite na água. Quando o azeite se espalhava, a pessoa não tinha quebranto, nem olho-gordo. Quando as gotas se juntavam, chegando até mesmo a formar o desenho de um olho (olho-gordo), ela dava início ao atendimento, sempre protegida com um rosário no pescoço, um copo de água na mão esquerda e um raminho de arruda, que molhava no copo e iniciava sua reza, fazendo o sinal da cruz sobre a cabeça e pelo corpo todo da pessoa, pela frente e pelas costas, dizendo o Credo dos Santos de Jesus:

> "Creio em Deus Pai, em Deus Filho, em Deus Espírito Santo, em bom Jesus do livramento. Creio no batismo das águas de São Pedro, no Anjo da Guarda do Céu e da Terra. Em nome de Santo Antônio, São José, São Francisco de Assis, São Camilo de Lélis, São Pedro, São Paulo e São Sebastião. Doença sai do sangue vem para a veia, sai da veia vem para os nervos, sai dos nervos vem para carne, sai da carne vem para a pele, sai da pele vai para as ondas do mar sagrado, onde não bate sol, e o galo não canta e vaca não berra. Em nome de Santo Antônio, São José, São Francisco de Assis, São Camilo de Lélis, São Pedro, São Paulo e São Sebastião. Doença sai do sangue vem para a veia, sai da veia vem para os nervos, sai dos nervos vem para a carne, sai da carne vem para a pele, sai da pele vai para as ondas do mar sagrado, onde não bate sol, e o galo não canta e vaca não berra. Em nome de São Pedro, São Paulo e Jesus. Amém."

Terminada a reza, ela pegava o copo e o raminho, levava para o quintal, despejava a água no ralo e enterrava o ramo, para a maldade não voltar à pessoa. Depois, repetia a técnica do prato com azeite, até que a pessoa estivesse equilibrada com o benzimento. Mesmo assim, pedia para retornar mais três vezes, até que a leitura do prato mostrasse que não havia mais olho-gordo ou ataque de inimigos contra ela.

## PARA TIRAR MALDIÇÕES
## E INVEJA DO TUTOR E DO PET
*(Mercês Calixto de Souza, Cachoeira do Campo-MG)*

Dona Mercês fez a passagem no dia 11 de dezembro de 1997, em Belo Horizonte (MG). Ela realizava o seguinte benzimento infalível contra olho-gordo:

"Em nome do Pai, do Filho e do Espírito Santo. Benzo (*diga o nome do tutor*) ou seus pets de olho ruim, olho amaldiçoado. Com dois puseram. Com três eu retiro, com o louvor da Santíssima Trindade. Assim como Santa Ana é mãe de Maria, mãe de Jesus. Assim como estas três pessoas são as mais verdadeiras. Quebranto olho ruim, olho amaldiçoado que estiver no corpo de (*diga o nome do tutor*), leva profundo ao mar salgado. Que não faça mal a ninguém. Nem a criatura nenhuma. Em nome de Deus Pai, Deus Filho e do Espírito Santo. Amém."

A benzedeira rezava com o rosário ou um raminho de guiné, alecrim ou arruda. E hoje quem pratica esta oração da família é a sua filha, Margarete de Souza Lemos, que reside em Belo Horizonte.

## PARA TIRAR COCEIRA DE ANIMAIS E TUTORES
*(Gerônimo Augusto de Paula Souza, Ouro Preto-MG)*

Aqui, os sintomas da coceira se assemelham aos do cobreiro, só que mais brandos. São coceiras causadas por vários tipos de alergia que, quando benzidas, somem. A benzeção deve ser feita com ramos de alecrim ou assa-peixe no local da ferida. Fazendo o sinal da cruz com os ramos nas mãos, o benzedor pronuncia as palavras sagradas, a seguir.

"Coceira, coceira que começou. Não foi Deus que te mandou, Vai para as ondas do mar, onde o galo não canta, onde ninguém vê o filho de Deus chorar. Com o poder de Deus Pai, Deus Filho e Deus Espírito Santo e as três pessoas da Santíssima Trindade, essa coceira vai acabar."

Após repetir o mesmo procedimento três vezes, reza-se a Ave-Maria e o Pai-Nosso. Os ramos usados na benzeção devem ser jogados em água corrente ou queimados.

## PARA TIRAR O "AGUAMENTO"
## DE CRIANÇA (TUTORA) OU DE ANIMAIS
*(Antônia Ferreira Prata de Jesus, Ouro Preto-MG)*

Isso acontece quando crianças ou animais querem comer o que o outro está comendo, mas nada lhe é oferecido. Eles ficam "aguados" ou "sentidos" e começam a ficar tristes, apáticos e a rejeitar outras comidas. Nos casos mais graves, a criança começa até a perder o cabelo, tem febre alta e pode vir a falecer. Para tirar o "aguamento", dona Antônia reza:

"Padre, Filho, Espírito Santo, Credo, aguamento que tiver nessa matéria. Que tirai dela para fora. Com três eu ponho. Com dois eu tiro. Em louvor de Deus e da Virgem Maria, com as correntes do preto-velho que tirai ela para fora. Padre, Filho, Espírito Santo."

## CONTRA O COBREIRO DE TUTORES OU ANIMAIS
*(Francisco de Assis Donato Neto, Mariana-MG)*

Entre as benzeções encontradas, a contra cobreiro é a única que estabelece um diálogo com o consulente, e a cura depende da interação entre este e o benzedor no momento do rito. Antes de iniciar a benzeção, o benzedor orienta a pessoa a responder à pergunta, falando o nome da doença, ou seja, cobreiro.

Benzedor – Te corto? Cobreiro.
Consulente – Cobreiro eu corto; cabeça, meio, rabo.
Benzedor – Te corto? Cobreiro.
Consulente – Cobreiro eu corto; meio, cabeça, rabo.
Benzedor – Te corto? Cobreiro.
Consulente – Cobreiro eu corto; rabo, cabeça e meio.

Com o auxílio de uma faca ou de uma tesoura, o benzedor vai cortando nove folhas de assa-peixe em três pedaços, simbolizando a sua fala: "Cobreiro eu corto; cabeça, meio e rabo". Finda a benzeção, as folhas cortadas devem ser colocadas perto do fogão a lenha para secar. Acredita-se que, à medida que as folhas secam, o cobreiro desaparece. A benzeção do cobreiro tem melhor resultado se feita durante três dias, de preferência consecutivos.

## CONTRA A CARNE TRINCADA DE PETS
*(Efigênia Pereira Murta, Oliveira-MG)*

A benzeção de carne trincada, também conhecida como coser, é solicitada quando acontece alguma lesão corporal que afetou o músculo, torceu algum membro ou até mesmo quebrou ou trincou algum osso, causando inchaço e muita dor. No caso de fratura, apenas a benzeção não soluciona o problema. Assim, a benzedeira recomenda ir ao hospital ou ao veterinário e, em seguida, voltar para benzer o local fraturado, no intuito de garantir a regeneração da fratura. O procedimento da benzeção é feito com um novelo de lã, linha e agulha. A benzedeira coloca o novelo em cima do local ferido e, com a agulha, faz movimentos de quem costura a carne, ao mesmo tempo em que pronuncia as palavras sagradas para *coser*:

> "O que coso? Carne quebrada, nervo torto, osso desconjuntando e veia retorcida. Nossa Senhora cose. Eu também coso. Em louvor das três pessoas da Santíssima Trindade, Nossa Senhora e Sagrada face de Jesus."

## PARA TIRAR DOR DE CABEÇA DO TUTOR E ANIMAL
*(Maria Dolores de Lima Silva, Caxambu-MG)*

Dona Maria Dolores diz que a dor é conhecida como sol na cabeça. Essa benzeção, então, faz alusão ao sol, considerando-o como principal causador das dores de cabeça. Para curar o "sol da cabeça", é necessário benzer-se em um dia ensolarado – algumas benzedores rezam ao ar livre, debaixo de sol. Outros benzem dentro de casa, mas apenas em dias ensolarados.

Para a realização desse rito, ela faz uso de uma garrafinha transparente cheia de água e de um pano branco. O consulente senta-se em uma cadeira, e se o pet for pequeno, fica do lado direito do tutor, no colo ou no chão. A benzedeira coloca o pano branco dobrado em cima da cabeça do consulente e, em seguida, vira a garrafinha cheia de água de cabeça para baixo, em cima do pano branco. Enquanto a segura, ela pronuncia as palavras sagradas (a seguir) e podemos perceber o movimento da água, soltando várias borbulhas, formando um redemoinho. Dona Maria Dolores alerta que a quantidade de borbulhas está relacionada ao tamanho do mal, ou seja, quanto mais borbulhar, mais sol o consulente tem na cabeça. E, nesse caso, recomenda-se benzer três dias seguidos:

"Dor de cabeça, Deus deu o sol e deu a lua. Deus é o pai da caridade, Deus também te livra dessa sua enfermidade."

Eu encontrei uma segunda oração contra dor de cabeça, coletada na localidade de Salinas (MG), que também é usada para curar mau-olhado e quebranto. Mas não faz referência ao sol e à lua, e sim a Nossa Senhora:

"Encontrei com Nossa Senhora sentada na lapa fria, rezando Ave Maria, para curar dor de cabeça, mau-olhado e quebrante."

### PARA PEITO ABERTO NOS ANIMAIS
*(Maria Aparecida Xavier da Silva, Marília-SP)*

Dona Cida massageia o peito do animal com azeite de oliva morno e reza:

"São Miguel, São Miguel, este animal sofre de peito fundo, tórax afundado, espinhela caída, ventre virado, com os poderes de Deus e da Virgem Maria. São Miguel botou sua barquinha 13 vezes sem virar e sem emborcar. Espinhela você procura o seu contra leite que Deus deixou em seu lugar. Jesus, Jesus e a Virgem Maria, curai este animal (*diga três vezes o nome do animal*)."

Ela vai traçando as patas dianteiras do animal e levantando, cruzando e tentando encontrar as patas traseiras. Ou faz outra reza, quando acha que será melhor:

"Divino cravo do amor, essa espinhela será curada. Com os poderes de Deus e da Virgem Maria. Salve Rainha forte, vós sois forte, fortalecida. Oh! Como sois forte, fortalecida. Então levanta a espinhela de (*diga o nome do animal e de seu tutor*), que está caída. Levanta, levanta, que Deus quer ver este animal curado. Amém."

Ela reza três vezes por dia, finalizando com três Pai-Nosso.

## CONTRA HEMORRAGIA EM TUTORES E ANIMAIS
*(Rita de Cássia Fernandes Moreira, Sabará-MG)*

Dona Rita faz esta benzeção para estancar o sangue quando se tem algum ferimento externo ou interno, como no caso de rompimento de vasos. Ela só não pode ser feita em caso de aborto natural. Na tradição, o sangue é como a força vital e, ao perdê-lo em demasia, o benzido se enfraquece, podendo até falecer. A benzedeira coloca um pano vermelho no local da hemorragia enquanto pronuncia as seguintes palavras sagradas (respeitamos a oralidade presente na palavra "telha", que ficou registrada como "teia"):

"Assim como a lua corre na ceia, a água corre na teia, com o poder de Deus Pai, Deus Filho e Deus Espírito Santo, que esse sangue acomoda na veia."

## CONTRA TERÇOL EM TUTORES E ANIMAIS
*(João Paulo Rodrigues Sobrinho, Sorocaba-SP)*

O terçol ocorre quando há um acúmulo de secreções ou pus na pálpebra, deixando a área dos olhos avermelhada, com o aspecto de furúnculo ou espinha. Seu João faz a seguinte oração:

"Santa Luzia, portadora de luz, vem de noite ou de dia, mostrando vossa cruz, se for nuvem formada de algum sangue ruim, há de ser desmanchada, que o Cristo daria o fim."

## CONTRA VENTO VIRADO E ESPINHELA CAÍDA EM TUTORES E ANIMAIS
*(Claudete Veloso de Lima, Congonhas do Campo-MG)*

Para dona Claudete, o vento virado é uma versão da espinhela caída, mas que afeta principalmente crianças. O causador dessa enfermidade é o deslocamento de um osso (apêndice xifoide ou espinhela) no meio do tórax, que produz dor, vômitos, enjoos, falta de ar e cansaço. Nas crianças diagnosticadas com vento virado, percebe-se o encurtamento de uma das pernas, o que provoca sucessivos tombos.

Nos adultos, o procedimento consiste em levantar os braços, enquanto a benzedeira reza no peito e nas costas do enfermo. Na criança, a benzedeira a coloca de bruços no seu colo e reza no meio da costela, nas juntas das pernas e nos pés. Antes de começar a benzeção, dona Claudete me mostrou a diferença de tamanho entre as perninhas de uma criança, provocada pelo mal. Finda a benzeção, pude constatar que a perninha, antes encurtada, voltou ao seu lugar, equiparando-se à outra. Vamos à oração:

> "Com dois te botaram, com três eu te tiro com as forças de Deus. Olhando de homem ou mulher há de ser arretirado. Oh! Meu Deus e a Virgem Maria, há de ser arretirado esse olhado com os poderes de Deus e da Virgem Maria. Se for o bucho virado, se for pulmão virado, com os poderes de Deus e da Virgem Maria deve ser arretirado."

Além dessa benzeção de dona Claudete, também encontrei outra específica para esse mal, que serve para humanos e animais:

> "Jesus nasceu, Jesus nascido ele é. Curai esse vento virado, Jesus de Nazaré."

## PARA TIRAR MAU-OLHADO
## DE CRIANÇA TUTOR E SEU ANIMAL
### *(Lúcio Ribeiro Antunes, Tiradentes-MG)*

O senhor Lúcio atende a todos que batem em sua humilde casa de pau a pique, onde há uma horta com ervas medicinais que ele gosta de mostrar a seus atendidos. Ele sempre vai nela e colhe três galhinhos de arruda, pede licença ao anjo de guarda do atendido e começa a fazer o sinal da cruz pelo corpo todo. E então vai rezando a seguinte oração, com voz bem baixinha:

> "Todo mal que estiver em você será levado para as nuvens escuras do espaço terreno ou para o moinho abandonado, onde não passa água, nem lampejo. Que o mar vermelho abriu para o povo de Deus passar, todo mal que tiver em você vai retirar o mal. Eu te repreendo em nome de Jesus."

## PARA TIRAR MAU OLHADO DE TUTORES E ANIMAIS
*(Virgílio Olindo Passos, Sabará-MG)*

O senhor Virgílio realiza o benzimento segurando com a mão direita uma imagem pequena de São Gabriel. Com ela, vai fazendo o sinal da cruz sobre o corpo do atendido. Com a mão esquerda, vai raspando o corpo da pessoa, fazendo o movimento de jogar num copo que fica à sua frente. Quando termina, ele põe a imagem dentro de um copo com água e sal grosso. Somente quando finalizam todos os atendimentos é que ele joga a água do copo fora em água corrente. A oração é a seguinte:

> "O mal que está em você será levado para as nuvens escuras do espaço terreno, para o moinho abandonado onde não passa água, nem mói milho. O mar vermelho abriu pro povo de Deus passar, todo o mal que estiver no seu corpo vai retirar. Teu caminho é a luz, a paz de espírito e a felicidade, amém. Salve a estrela de Davi que ilumina o reino de Deus, a entidade valiosa que criou São Gabriel. Peço, meu Deus do céu, que faça de (*dizer o nome do atendido*) um manso cordeiro de espírito pra viver nesse mundo e ter a presença de Deus."

## PARA MORDIDA OU QUEIMADURA DE INSETOS EM TUTORES E ANIMAIS
*(Rogério Nunes da Silva, Sete Lagoas-MG)*

Senhor Rogério diz que, como a oração de mordida é a mesma oração para queimadura de insetos, deve-se considerar o causador da dor, para então estruturar a oração. Quando a intenção for tratar mordida, a oração dirá "Quem te mordeu"; quando for queimadura, "Quem te queimou". Nos casos de queimadura, a palavra "marimbondo" é substituída por "lagarta". Quanto aos animais, fica difícil identificar quando eles foram picados ou queimados por um inseto. Então, quando perceber que seu bichinho está com algum incômodo ou inchaço localizado, faça a reza sobre ele, mas não deixe de levar ao veterinário. A oração:

> "Quem te mordeu (ou queimou)? Não é marimbondo (lagarta), não é nada. É freio de cavalo do Senhor Jesus Cristo."

## PARA TIRAR MAU-OLHADO
## E QUEBRANTO EM TUTORES E ANIMAIS
*(Dionísio Alves Dias Filho, Catas Altas-MG)*

Devoto de São Francisco de Assis, o senhor Alves benze tanto crianças quanto pequenos animais de estimação, como pássaros, que levam para ele atender. Com seu rosário com uma cruz feita por ele mesmo, inicia a oração fazendo o sinal da cruz em cada frase dita durante o benzimento:

"Em nome do Pai, do Filho, do Espírito Santo e do Credo, quebrante e mau-olhado que tiver nessa matéria, que tirai dela para fora, Pai, Filho, Espírito Santo e Credo."

## CONTRA FERIDAS DO FARPADO NOS PETS
*(Francisco Célio Fagundes, Monte Alto-SP)*

Quando os animais se cortam nas cercas e infecciona, isso arruína o couro. Então, seus tutores procuram o senhor Chico, que prontamente prepara um unguento com banha de porco, babosa, camomila, calêndula, folhas de guaco e mel de abelha. Receita de seu avô Thomas, que foi tropeiro por muito tempo: basta macerar as plantas numa proporção de mais ou menos 100 g de cada e misturar a meio copo de mel e meio copo de banha de porco derretida. Depois de limpar as feridas com água morna e sabão de coco e secá-las com um pano limpo, ele vai aplicando o unguento com uma espátula de madeira, enquanto faz o sinal da cruz várias vezes e realiza a seguinte reza:

"Jesus encontrou São Pedro e mandou um recado para que Santa Reinalda e São Reinaldo cuidassem dos ferimentos deste animal. Por isso, em nome deles, da Virgem Maria e da Santíssima Trindade, eu peço que se cure depressa o ferimento deste animal (*fale o nome dele*)."

Fazendo ainda o sinal da Cruz, ele finaliza com a Oração de São Francisco de Assis, um Pai-Nosso e uma Ave-Maria. O procedimento deve ser repetido por sete dias seguidos.

## PARA TIRAR OLHO-GORDO
## E MAU-OLHADO NOS ANIMAIS
*(Calixto Vasconcelos Neves, Bragança-SP)*

Senhor Calixto faz a sua reza com um ramo verde, podendo ser composto por alecrim, arruda, guiné e espada-de-são-jorge. Reza para cão, gato, porco, cavalo, vaca e aves:

"Benzo-te, ó pobre animal, para que saia de teu corpo todo fluido ruim ou vibração provenientes de mau-olho, inveja ou ciúme, que haja posto. Que passe para este ramo de planta abençoado toda influência negativa que te está atormentando, seja de tristeza, de dor, de angústia ou de doença espiritual. Que o anjo tutelar que vela por tua espécie esteja neste momento me assistindo e dando-me forças para que te livre desses males e voltes a viver com a mesma alegria e disposição de antes, porque também és filho de Deus e Ele te concedeu vida para que tenhas progresso e cumpras a tua parte junto a nós, humanos. Deus de infinita sabedoria e bondade, dá-me forças para que eu tire deste animal, criatura tua, toda maldade que porventura o afete em sua existência normal. Junte ao amor que lhe devoto as vibrações positivas e salutares que possam fazê-lo ficar são e isento de cargas fluídicas maléficas colocadas por alguém, irmão imperfeito, que o inveje e o queira. Faça-o curar-se de doenças ou mal-estar natural, vindas de alguma coisa que comeu ou sofreu, produzindo-lhe a perturbação. Faça, Senhor, com que o mal que tiver passe para este galho e desapareça depois sem prejudicar quem quer que seja, mesmo a pessoa que consciente ou inconscientemente produziu o mal. Assim seja!"

Quando termina a benzedura, seu Calixto pega o ramo e o enterra no seu quintal, para que os fluidos não prejudiquem outros animais ou até mesmo crianças.

## PARA DOR DE GARGANTA
## E AMIGDALITE NOS ANIMAIS
*(Francisca de Assis Lira, Freguesia do Ó-SP)*

Dona Francisca usa uma fita verde benta na Igreja do Senhor do Bonfim, na Bahia, juntamente com uma conta de búzio. Ela prepara um pouco de azeite morno em um pires e aplica onde dói na garganta do animal, enquanto ora:

"Juntaram-se todos os santos: São Brás, Santo Albano, São Cosme e Damião e São Edeltrudes. Juntaram-se para sarar a garganta de (*diga o nome do animal*)."

Em seguida, passa a fita verde na garganta do animal e prende o búzio entre a fita e a pele. Depois de uma hora, tira e joga fora no mato, rezando a oração de Nosso Senhor do Bonfim:

"Meu Senhor do Bonfim, acho-me na tua presença humildemente, para receber de ti todas as graças. Curai a garganta de (*diga o nome do animal*) que quiser me dispensar. Perdoai-me, Senhor, por todas as faltas que porventura eu tenha cometido por obra ou pensamento. Fazei-me forte, para vencer todas as tentações e malfeitos do inimigo. Que o sagrado orixá Ogum corte com sua espada todos os males que de mim se acercarem, assim como de (*diga o nome do animal*). Que Iemanjá, rainha do mar, com a tua proteção, leve sob grilhões para o fundo do mar toda a inveja que sobre mim recair e de (*diga o nome do animal*). Que Oxum leve consigo todas as lágrimas que eu tenha a chorar, para nunca o desespero ou a desgraça me alcançar, nem a mim e nem (*diga o nome do animal*). Que Ossanha afaste de mim todas as tempestades, para os ventos da bonança me trazerem prosperidade, a mim e a (*diga o nome do animal*). Que toda a fortuna do mundo possa chegar aos meus pés, com a proteção do grande orixá Oxum-Maré. Que Xangô, do alto da sua Santa Pedreira, solidifique todos os bens que eu alcançar a mim e a (*diga o nome do animal*). Salve o Senhor do Bonfim! Salve todos os orixás! Que me protejam na vida para mim a para (*diga o nome do animal*), para nada me faltar, nem a mim nem a (*diga o nome do animal*). Assim seja! Amém."

Ao final, a benzedeira pergunta para o tutor se ele também está com a garganta doendo. Quando a reposta é positiva, ela realiza o mesmo procedimento com ele. A veterinária Cristina Cazumi nos relata que, muitas vezes, as doenças apresentadas nos animais vêm de seus tutores. Dona Francisca confirma isso com seus benzimentos em tutores e animais.

## CONTRA MAGREZA DOS ANIMAIS
*(Florinda Silvestre da Silva, Araraquara-SP)*

Dona Florinda usa óleo de dendê, passando-o do focinho até a ponta do rabo três vezes, puxando a energia maligna, e bate três vezes a palma da mão no chão. Na terceira vez, ela diz:

"Tiro do teu corpo a carga de maldade que te puseram (*passe a mão do focinho até a ponta da cauda*), e se pisou com as patas da frente no campo do maldoso com o dendê eu tiro, e se pisou com as patas de trás, que o dendê deixe para trás a maldade do maldoso. Só o dendê pode queimar e destruir o olho do maldoso. Fica para trás e não moleste mais (*diga o nome do animal*). Saia e fique para trás, em nome do Pai, do Filho e do Espírito Santo. Amém!"

## PARA ARTRITE NOS PETS
*(Clara Figueira de Lima, Novo Lima-MG)*

Com um pires com azeite de oliva, dona Clara unge mãos, pés, punhos, joelhos, calcâneos e outras articulações. Fica fazendo o sinal da cruz sobre as áreas com artrite, enquanto ora:

"Santo Amaro andou pelo mundo curando as dores humanas por ordem de Jesus Cristo e da Virgem Maria, o que por Santo Amaro foi feito, agora será feito também em nome de Nosso Senhor Jesus Cristo, em nome de Deus o Pai e da Virgem Mãe Maria, e por isso essa dor vai embora, porque o (*diga o nome do animal*) merece, pela sua fé, não mais padecer. Em nome do Pai, do Filho e do Espírito Santo. Amém."

## CONTRA ASMA, BRONQUITES
## E MALES DOS PULMÕES NOS PETS
*(Pedro Antônio Flores, Limeira-SP)*

Seu Pedro pede para o tutor do animal asmático comprar uma galinha toda preta (não pode ter nada branco). Depois de entregue, ele pede para o tutor aguardar alguns minutos em outra sala, retira o coração da galinha e o coloca numa garrafa de vinho branco, acrescentando uma colher de sopa de canela e outra da planta medicinal. Ela guarda num armário para não pegar luz por sete dias, bem fechada sem que ninguém possa mexer.

Então, ele volta à sala onde o tutor ficou com o seu animal e realiza a benzedura:

"Deus deu o sopro da vida nos pulmões de Adão, eu também vou soprar o alento para os seus pulmões para ficar são como o de Adão (*assopre três vezes no peito do animal asmático*). Em sete dias, você vai tomar o vinho que Jesus deu aos seus apóstolos para sempre lembrarem Deus Filho vivo aqui na Terra. Amém!"

Nos sete dias seguintes, o senhor Pedro benze a garrafa, falando as seguintes palavras:

"Senhor, Senhor, fazei com que o líquido que aqui está, dentro desta garrafa, cure os pulmões deste filho teu (*diga o nome do animal*)."

Completa rezando três Pai-Nosso. Após os sete dias, ele manda que o tutor do animal tome três goles daquele vinho, até terminar. Lembrando que quem vai tomar o vinho é o tutor, já que o efeito vai responder energeticamente no seu animal, que vibra na mesma frequência de seu dono. Mais uma vez, isso reafirma o que a doutora Cazumi revela sobre sintomas reflexos de doenças veterinárias entre tutor e animal – por exemplo, o tutor começa a mancar e o animal responde mancando também, e vice-versa.

## CONTRA INVEJA NOS ANIMAIS
*(Mãe Pretinha Pimentel Costa, Caeté-MG)*

Dona Mãe Pretinha pede ao tutor que, com sua própria mão, escreva num pedaço de papel branco o nome completo e o endereço da pessoa invejosa que ela acredita que está lhe fazendo mal e ao seu animal. Então, ela pega o papel e o dobra sete vezes, sem que o nome fique visível do lado de fora da dobradura. Depois inicia a benzedura. Em um copo, ela coloca três colheres de sopa de vinagre tinto e completa até a boca com água. Enquanto ela mistura a água com o vinagre, vai dizendo:

"Jesus Cristo, quando crucificado, pediu água e lhe deram vinagre, ele se enjoou e afastou o cálice de sua boca, assim como *(diga o nome do invejoso)* há de se afastar como o cálice."

A benzedeira faz o sinal da cruz sobre o copo e o guarda no congelador por 21 dias. No final desses dias, ela quebra o copo ainda congelado no meio de uma encruzilhada de terra e diz:

"Está feito e é bem-feito, em nome do Pai, do Filho e do Espírito Santo. Liberte o tutor e seu animal deste invejoso. Amém."

Ela faz o sinal da cruz e sai da encruzilhada de costas para o mal.

## PARA MAL DAS CADEIRAS OU DOS QUARTOS NOS PETS
*(Glória de Jesus Mendes Antunes, Socorro-SP)*

Dona Glória, com um retalho de pano branco já surrado pelo uso e uma agulha com linha branca, cura todo esse mal das *cadeiras*. Ela pergunta para ao tutor do animal onde está doendo e, com seu paninho, cose sobre o local, passando a agulha com linha de um lado para o outro, dizendo:

"O que coso? Carne quebrada, bem cavalgada, e nervo torto. Assim mesmo coso, se for carne quebrada, eu coso. Se não foi tombo e escorregão, em nome de São Furtuoso."

A benzedeira ressalta para nunca dar nó no final da linha. Ela usa mais duas rezas, de acordo com a gravidade. Sempre usando pano, agulha e linha, diz:

"Que coso? Carne quebrada e nervo eu coso. Isto mesmo eu coso. Em nome de Deus e da Virgem Maria, e de São Virtuoso. Se for carne rendida, torne a soldar, se for nervo torto, torne a ir a seu lugar".

Ela benze três vezes. No primeiro dia, faz nove vezes a reza. No segundo dia, sete vezes. E no terceiro dia, cinco vezes.

A outra reza é assim:

"São Virtuoso, do que eu coso? Carne quebrada, nervo torto, osso rendido. Assim mesmo eu coso, com os poderes de Deus e da Virgem Maria."

Ela faz isso três vezes, costurando sobre o local. Dona Glória diz que se deve sempre jogar fora a linha usada, porque nela fica toda a quebradura e as dores do tutor e do seu animal. A cada novo atendimento, é preciso usar uma nova linha.

## PARA TUTOR EMBRIAGADO QUE DEIXA SEU ANIMAL TONTO E SONOLENTO
*(Chico Luiz da Cruz e Silva, Ilhabela-SP)*

Senhor Chico espera os parentes ou até o tutor bêbado ir até ele. Quando o tutor está na sua frente (com o seu animal), ele pergunta: "Qual é o seu nome completo? Você quer parar de ser bêbado? Então São Plácido vai te ajudar". Seu Chico vira-se de costas para o tutor e inicia o tratamento: num copo, coloca duas colheres de pó de café e duas colheres de azeite de oliva, e completa com água sem encher o copo, misturando. Então, ele faz o sinal da cruz sobre o corpo do tutor bêbado e inicia a benzedura, dizendo:

"Por mais que a cabeça dê voltas, eu ponho sua cabeça no lugar, com a ajuda de São Plácido."

Em seguida, ele manda o tutor tomar a mistura de uma só vez. No final, o animal deixa de sentir tontura e sonolência e o tutor melhora também, ficando são.

## CONTRA BRONQUITE NO PET
*(Nair Fagundes Pinheiro, São Pedro-SP)*

Dona Nair usa seu próprio material: uma pena de urubu (ou de galinha preta), uma colher de sopa de azeite de oliva, uma colher de sopa de pó de café, um galho de salsa e um punhado de alecrim. Tudo cortado em pedacinhos e pilado no pilão de madeira, acrescentando aos poucos o azeite de oliva. Ela me explicou que torra a pena e guarda só para essas necessidades. A pena torrada também é pilada e transformada em pó para adicionar aos outros componentes. Dessa mistura pilada fica uma pasta, que ela usa para ungir a testa, o pescoço e o peito do tutor e do animal. Enquanto ela unge, vai fazendo o sinal da cruz, dizendo:

"Ai da bronquite de (*diga o nome do tutor do animal*), tenha pena São Bernardo de Sena. Por isso curo esses doentes do mal, em nome do Pai, do Filho e do Espírito Santo. Amém."

Se necessário, faz mais dois atendimentos, no mesmo dia da semana e no mesmo horário.

## PARA BUCHO VIRADO OU
## VENTO VIRADO NOS ANIMAIS
*(Belinha de Souza Dias Madeira, Ribeirão Preto-SP)*

Dona Belinha, com o polegar molhado com azeite de oliva, unge a barriga do tutor e de seu animal, e, fazendo o sinal da cruz, reza:

"Com dois te botaram, com três eu te tiro, com as três forças de Deus, olhar de homem ou de mulher há de ser arretirado. Ó, meu Deus e a Virgem Maria, há de ser arretirado esse olhado com os poderes de Deus e da Virgem Maria. Se for o bucho virado deste tutor e de seu animal. Se for do ventre virado deste tutor e de seu animal. Se for estômago virado com os poderes de Deus e da Virgem Maria deve ser arretirado deste tutor e de seu animal. Deus quer, Deus pode, Deus acaba tudo quando quer. Nosso Senhor Jesus Cristo acabará com bucho virado e tudo quanto quiser. Pai, Filho e Espírito Santo. Amém."

## CONTRA DOR DE GARGANTA E
## CAMPAINHA CAÍDA (UVULITE) NO PET
*(Antônio Marco da Luz Silva, São Paulo-SP)*

Seu Tonico aprendeu esse benzimento com seu avô. Ele diz que, enquanto faz as orações, conta com a ajuda de dois santos médicos: São Brás e São Lucas. E assim, sentindo a presença deles, faz o sinal da cruz na garganta do tutor e do seu animal, falando as orações para cada caso:

"O padre vestiu e se revestiu e subiu para o altar. Campainha caída, passa para teu lugar. Campainha caída, Deus que te botou. Deus te alevantou. Deus que adornou com os poderes de Deus padre, Deus Filho, Espírito Santo. Amém."

O benzedor suspende o queixo do tutor e depois o do animal, e puxa as orelhas dele para cima da cabeça, passando com o polegar a cinza que guardou das defumações feitas. Ele reza três vezes essa oração e finaliza com um Pai-Nosso e uma Ave-Maria, em intenção da hora da missa que o padre realiza sobre o altar.

Quando não tem as cinzas, ele faz uma outra oração:

"Jesus Cristo quando no mundo andou foi curando todos os males. Puxo estes cabelos para esta campainha alevantar. Puxo estas orelhas para esta campainha alevantar. Jesus Cristo, Ave Maria! Com o dedo polegar do lado da garganta levanto esta campainha! Tu hás de ficar livre de campainha caída, dor de garganta e todo mal de garganta."

Ela repete três vezes a reza e, ao terminar, reza um Pai-Nosso, uma Ave-Maria e uma Salve Rainha e Glória ao Pai.

## PARA O NASCIMENTO DE DENTES FORTES NOS PETS
*(Paula Munhoz, Londrina-PR)*

Quando um animal perde seu dente de leite, ela diz para o tutor jogar esse dente no telhado, para nascer um novo logo. E ora:

"Santo Antão, Santo Antão, leve este dente podre e dai-me outro são. Em nome de Deus e da Virgem Maria."

## CONTRA AVC, DERRAME E
## PARALISIA LATERAL NOS PETS
*(Cátia Souza Pinto, São José dos Campos-SP)*

Dona Cátia pega um ramo verde de alecrim e, sobre a cabeça do tutor e do animal, inicia sua reza:

"Deus Nosso Senhor, que te dignaste conferir ao bem-aventurado Avelino, morto de apoplexia, a graça de ser recebido no etérico santuário de Tua glória e de ser desde ali o intercessor para contigo dos que padecem deste mal. Reverentes te suplicamos que, por seus méritos e sua misericórdia, seja curado (*diga o nome do tutor e de seu animal*) do ataque que os abateu. Assim seja!

Ela finaliza dedicando um Pai-Nosso a São Avelino e três Ave-Maria a Santíssima Trindade. Os raminhos usados são jogados no lixo fora de casa.

## CONTRA PRISÃO DE VENTRE
## (CONSTIPAÇÃO INTESTINAL) NOS PETS
*(Roberto Oliveira Pires, Itabira-MG)*

Para atender o tutor e seu animal, ele usa três raminhos de arruda, três de alecrim e três de guiné de seu quintal. Pede ao constipado para ficar de bruços e faz cruzes nas costas dele com os raminhos das ervas, da altura dos rins até a cintura. E, fazendo o sinal da cruz sobre os raminhos, inicia com esta oração:

"Constipação entra, constipação sai. Deus tira esse mal, Nossa Senhora da Aparecida que retira esse mal."

Quando o tutor se queixa de prisão de ventre e de dor de cabeça (enxaqueca), ou diz que seu animal está constipado, ele usa a seguinte oração:

"Pato preto, filhote do mal. Deus fez o sol, Deus fez a lua, Deus fez as estrelas e a santa claridade. Pra tirar constipação e dor de cabeça, vai para as ondas do mar salgado. Que é pra nunca mais voltar na vida do (*diga o nome do tutor e do seu animal*)."

Para finalizar, um Pai-Nosso e uma Ave-Maria.

## CONTRA COQUELUCHE NO PET
*(Chica do Alto da Cruz, Ouro Preto-MG)*

Com o polegar molhado de querosene, dona Chica vai fazendo o sinal da cruz no peito e nas costas do tutor e do animal, e reza a seguinte oração:

"Jesus chamou São Nicácio que estava no Céu e pediu a ele que se encarregasse de parar aquela tosse. São Nicácio fez o sinal da cruz em nome do Pai, do Filho e do Espírito Santo, como eu faço agora. A tosse comprida foi ficando curta até desaparecer."

Ela finaliza rezando três Pai-Nosso e três Ave-Maria.

## CONTRA PAPEIRA E CAXUMBA NO PET
*(Celina Augusta Oliveira Pimentel, Franca-SP)*

Dona Celina usa uma colher pequena de pau e uma xícara com pó de café. Ela pega a colherzinha de pau e, enquanto mistura o pó de café na xícara, diz:

"(*Diga o nome do tutor e do animal*), se for assim marcado da papeira ou caxumba, será curado."

E ela passa a colher de pau de cada lado da caxumba, fazendo o sinal da cruz sete vezes. Por fim, reza três vezes seguidas o Credo.

## CONTRA A DOENÇA DO FOGO SELVAGEM NOS ANIMAIS
*(Laura Brasil Lima, Monteiro Lobato-SP)*

Dona Laura usa um ramo de arruda e um copo d'água, onde molha a erva e vai fazendo o sinal da cruz enquanto reza:

"(*Diga o nome do tutor e do animal*), eu te benzo com a cruz, com a luz e com o sangue de Jesus, Ozagre, fogo selvagem, foge daqui que eu estou com nojo de ti."

A benzedeira cospe sobre o ferimento. Reza, ainda com a arruda, três Ave-Maria e um Credo, e depois joga o ramo no lixo fora de casa. Assim realiza por mais três dias alternados.

## PARA NÃO ENCAROÇAR O LEITE DAS FÊMEAS DOS PETS
*(Olga Maria da Silva Rocha, Itu-SP)*

Dona Olga, com seus 89 anos, cabelos de neve, benze as tutoras e seus animais fêmeas que estão amamentando e ficam com as mamas empedradas com leite, o que causa muita dor. Com seu pito no canto da boca, ela solta fumaça sobre a mama e as tetas da tutora e da fêmea de seu animal, e reza por três vezes esta oração:

"Homem bom me deu pousada, mulher ruim me fez a cama. Entre a cama e a lama, que te sare esta mama. Desta maldade eu te curo. Volte leite a escorrer são e dê saúde para o seu filho (ou filhote) para ele crescer são e ter muita saúde. Em nome do Pai, Filho, do Espírito Santo. Amém!"

Com mais três baforadas, ela pede para voltar para mais três atendimentos.

## CONTRA ARTRITE EM CAVALOS E OUTROS PETS
*(Paulo Adriano Junqueira Neto, Curitiba-PR)*

Senhor Paulo, com uma cuia contendo azeite de oliva, fala um pouco com o tutor do animal, perguntando de suas dores, e depois inicia sua reza:

"Nosso Senhor Jesus Cristo, no seu sofrimento da cruz, teve dores nas partes dianteiras e nas partes traseiras. Então ele mandou Santo Amaro curar quem sofresse desse mal."

E então ele unge as partes traseiras do animal com o sinal da cruz:

"Santo Amaro andou pelo mundo curando as dores humanas e dos animais, por ordem de Jesus Cristo e da Virgem Maria. O que por Santo Amaro foi feito agora será feito também em nome de Nosso Senhor Jesus Cristo, em nome do Deus Pai e da Virgem Maria."

Ele unge as partes dianteiras com o sinal da cruz e continua:

"E por isso essa dor vai embora, porque (*diga o nome do tutor e do animal*) merecem, pela sua fé, não mais padecer deste mal. Em nome do Pai, do Filho e do Espírito Santo."

Agora ele unge os joelhos e os cotovelos ou outras partes do corpo com dor, dizendo:

"Santo Amaro, cura quem sofre desse mal (*diga o nome do tutor e do animal*). Nosso Senhor Jesus Cristo, não lhe deixa mais padecer. Em nome do Pai, do Filho e do Espírito Santo, cura este tutor e este animal e retire e alivie todo esse mal dos seus ossos. Amém."

## CONTRA DOR DE ESTÔMAGO OU AZIA NERVOSA NOS PETS
*(Lúcia dos Reis Silas, Matão-SP)*

Dona Lúcia, em sua sala de atendimento, tem muitos maços de palmas de Domingo de Ramos, abençoadas na igreja pelo padre, e que ela usa em seus benzimentos. Com uma folha de palma fazendo o sinal da cruz sobre a barriga do animal e do tutor, ela inicia:

"Ó minhas 13 almas benditas, sabidas e entendidas, a vós peço pelo amor de Deus, atendei meu pedido. Minhas 13 almas benditas, sabidas e entendidas, a vós peço pelo amor de Deus, atendei meu pedido. Minhas 13 almas benditas, sabidas e entendidas, a vós peço pelo sangue que Jesus derramou, atendam ao meu pedido. Meu Senhor Jesus Cristo, que a vossa proteção me cubra em vossos braços, guarde-me no vosso coração e me proteja com os vossos olhos. Ó Jesus bondade, vós sois meu advogado na vida e na morte. Peço-vos que atendei o meu pedido, o de curar o (*diga o nome do tutor e do animal*) do mal que os aflige, a azia e a má digestão. Se é de emoção ou da razão, atenda o meu pedido, as 13 almas benditas. Pai, Filho e Espírito Santo. Amém."

Uma segunda reza que dona Lúcia usa é o benzimento de Santa Sofia para azia e regurgitação dos animais. Ela unge o estômago do tutor e de seu animal três vezes com azeite de oliva, fazendo o sinal da cruz. E diz:

"Santa Sofia tinha três filhas. Uma fiava, outra tecia e a outra benzia de azia em nome de Deus e da Virgem Maria. Amém."

## CONTRA ERISIPELA NAS PATAS DOS ANIMAIS
*(Ana Rosa Garcia Marques, Patos de Minas-MG)*

Dona Ana Rosa, com uma colher de pau com azeite de oliva, vai rezando e fazendo o sinal da cruz sobre a ferida do tutor e de seu animal:

"Pelo toque do calvário, a grande cruz se ergue. Pelo toque do calvário, a alma da grande cruz se ergue. Pelo sangue de Jesus lá no calvário, aquele momento desceu. Eu curo essa erisipela de *(diga o nome do tutor e do animal)*, em nome do Espírito Santo, de Jesus Cristo, Filho de Deus. Amém, Amém, Amém. Em nome das cinco chagas de Nosso Senhor Jesus Cristo no Calvário. Em nome de Deus, o criador, em nome do Espírito Santo, o iluminado em nome dos 12 apóstolos de Jesus, em nome das 11 mil virgens, em nome de todos os santos, os do Céu e os da Terra."

A benzedeira termina rezando três Pai-Nosso e três Ave-Maria, ungindo a ferida com o sinal da cruz três vezes.

## CONTRA ESTUPOR DO TUTOR E DO PET
*(Carlos Alberto de Jesus Nascimento, Socorro-SP)*

No estupor, a pessoa parece estar adormecida ou muito sonolenta, como se tivesse desmaiado. Mas, ao contrário do coma, ela acorda se as pessoas gritarem com ela ou se for sacudida ou beliscada, voltando a dormir logo em seguida. Senhor Carlos Alberto, muito sério e de poucas palavras, inicia o benzimento pelas costas do tutor e do animal, fazendo o sinal da cruz da cabeça aos pés:

"Requeiro o ar que esteve em seu corpo. Ar do sol, ar da lua, ar do fogo, ar dos ferros, ar dos aços, ar dos vivos, ar dos mares, ar de mortos, ar das folhas, ar dos vidros, ar de estupor e outro ar que for, serão tirados do seu corpo por Deus Nosso Senhor."

Repetir por três dias seguidos.

## PARA BAIXAR A FEBRE DO TUTOR E DO PET
*(Benedita Lima da Silva, Vila Formosa-SP)*

Dona Benê, como gosta de ser chamada, benze cobrindo a cabeça do animal ou do tutor com um pano branco e, em cima, coloca três ramos de arruda (ou de qualquer outra erva) em forma de cruz e inicia sua reza:

"Em nome do Pai, do Filho e do Espírito Santo (*faça o sinal da cruz*), eu vos suplico, Senhor, que a intercessão do bem-aventurado São Hugo torne (*diga o nome do tutor ou do animal*) merecedor da vossa graça, obtendo a cura da febre que o faz sofrer, que o atormenta cruelmente. Socorrei-o, Jesus, por vossa bondade infinita. Assim seja. Amém."

## PARA FECHAR FERIDAS DE
## ACIDENTES GRAVES COM O PET
*(Olga Tadeu Brás, Resende-RJ)*

Dona Olga relata que, quando faz o benzimento de tutores e seus animais adoentados, se dirige até eles e, ao chegar à casa, observa por alguns instantes qual o melhor benzimento a realizar: ou o de São Reinaldo ou o de Santa Reinalda. Ela leva em um bornal (sacola), cruzado no corpo da esquerda para a direita, para não pegar mal dos atendidos doentes. Usando um ramo de alecrim, guiné e espada-de-são-jorge, ela vai fazendo o sinal da cruz sobre a ferida até terminar a benzedura:

"Jesus encontrou São Pedro e mandou um recado para que Santa Reinalda e São Reinaldo cuidassem dos ferimentos dos acidentados. Por isso, em nome deles, da Virgem Maria e da Santíssima Trindade, eu peço que se cure depressa o ferimento de (*diga o nome do tutor e do animal*). Amém!"

Ela finaliza com três Pai-Nosso e três Ave-Maria. E guarda as folhas das ervas num saco de plástico, para deixar num jardim florido debaixo de uma árvore grande.

## PARA FECHAR FERIDAS NO TUTOR E NO PET
*(Madalena Goês Silveira, Lorena-SP)*

Dona Madalena atende na casa dos tutores e dos animais com feridas. Quando chega, pede para que seja providenciado um lençol limpo (branco, se possível). Ela cobre o tutor e o seu animal, deixando só a ferida exposta. Depois, tira da sacola uma faca com a ponta arredondada, com a qual realiza cruzes sobre a ferida enquanto inicia o benzimento:

"Coisa má, retire-se daqui, aqui não é o seu lugar. O sangue de Jesus Cristo e o leite de Nossa Senhora têm poder, e que a cruz de Cristo caia em cima desta ferida. Na voz de São Silvestre, tudo que faça seja confirmado, Nosso Senhor Jesus Cristo seja verdadeiro Mestre."

Dona Madalena retorna três vezes à casa do tutor para benzer a ferida.

## CONTRA FLATULÊNCIA DOS PETS
*(Tonico Preto, Casa Branca-MG)*

Senhor Tonico recebe os flatulentos na sala modesta de sua casinha branca. Com a mão direita na frente do estômago do tutor e do animal, fazendo o sinal da cruz, reza:

"Deus é o sol, Deus é a luz, Deus é a claridade, Deus é a virgindade, Deus é o sumo da verdade. Sai flato, vai-te para as altas ilhas, que não veja o galo cantar, nem filho de ama chorar, nem sino de Nosso Senhor Jesus Cristo tocar. Que não faça mal pra (*diga o nome do tutor e do animal*). Vai-te para as altas ilhas, que não veja galo cantar, nem filho de ama chorar, nem sino de Nosso Senhor Jesus Cristo tocar, que não faça mal pra (*diga o nome do tutor e do animal*) e nem a ninguém desse lugar.

Ele finaliza com um Pai-Nosso e três Ave-Maria, e pede para a pessoa retornar mais três vezes em dias alternados.

## PARA ACABAR COM ALOMBADO
## (PREGUIÇA DO TUTOR E DO SEU ANIMAL)
*(Rita de Cássia Abreu Silva, Salto-SP)*

Dona Rita benze os tutores e os seus animais preguiçosos, alombados, vagabundos, da seguinte forma: pega um dente de alho amassado, meia cebola picada e azeite de oliva, amassando tudo no pilão de madeira E então pede para o tutor, ao lado do seu animal, segurar o pilão. Enquanto molha a ponta do polegar da mão direita, ela unta o dedo e faz o sinal da cruz na testa, dizendo:

"Saia a preguiça desta cabeça, saia a preguiça deste braço, saia a preguiça deste outro braço, saia a preguiça deste tórax, saia a preguiça deste abdome, saia a preguiça da perna, saia a preguiça da outra perna, saia a preguiça da outra perna, saia a preguiça dos pés e das mãos, saia a preguiça da vida de (*diga o nome do tutor e do animal*). Deus deu a ele um corpo perfeito e você, preguiça, não mora mais dentro dele, saia agora e nunca mais volte aqui, porque neste corpo agora quem mora é o Deus e ele é Filho de Deus e não mais da tua desprezível preguiça."

Finaliza com três Pai-Nosso com a mão direita sobre a cabeça do tutor e de seu animal.

## PARA ACABAR COM AS
## FERIDAS RUINS EM ANIMAIS
*(Zulmira Preta Rezadeira, Caraguatatuba-SP)*

Na frente do atendido, dona Zulmira fecha os olhos, faz o sinal da cruz e inicia sua reza de família, como ela diz:

"(*Diga o nome do tutor e do animal*), chagas ruins serão benzidas, chagas ruins serão fechadas e curadas pelas virtudes de Deus. Assim como se fecharam as chagas de Nosso Senhor Jesus Cristo, nos braços de Nossa Senhora, sua Mãe."

Usando uma cruz de guiné do Santo Rosário, ela vai fazendo o sinal da cruz sobre a ferida sem a tocar. E deixa seu rosário no pescoço, para não pegar o mal da ferida. Quando termina, lava as mãos e a cruz de guiné com sal grosso.

## CONTRA IMPINGEM NO PET E NO TUTOR
*(Fátima Aparecida Santana Oliveira, Guaxupé-MG)*

Dona Fátima, com seus 89 anos, se dedica ao benzimento desde os 12 anos, quando sua finada avó lhe ensinou a benzer impingem (doença de pele também popularmente chamada de mancha branca ou pano branco), inclusive nos pets. No sítio em que vive, realiza seus benzimentos levando o tutor com seu animal até a frente do chiqueiro de porco, onde há o cocho para alimentar os animais. Ela então inicia a reza:

"Impingem rabinja, porcos e porcos comem aqui. Impingens, vocês fujam daqui."

Em seguida, ela pega um pouco de alimento do cocho e passa nas impingens do tutor e de seu animal. Depois, ela oferece um Pai-Nosso e uma Ave-Maria pela sagrada paixão e morte de Nosso Senhor Jesus Cristo. Quando necessário, repete mais três vezes.

## CONTRA IMPINGEM NOS PETS E NO TUTOR
*(Francisca Calisto das Neves, Araraquara-SP)*

Em frente ao fogão de lenha, com uma pinça, dona Francisca retira um tição (brasa vermelha) aceso e põe dentro de uma caneca com água, apagando-o. Ela passa a cinza do tição apagado em volta da impingem, fazendo um círculo no sentido anti-horário, dizendo:

"(*Diga o nome do tutor e do animal*), cerco-te coisa do nada, com água enfumaçada que nem tu, que nem o diabo pode cortar."

Com o dedo polegar molhado na água da caneca, ela faz outro círculo anti-horário e inicia uma nova reza:

"Prendo-te, coisa danada, com água enfumaçada, que nem tu, que nem o diabo pode escapar."

Fazendo o sinal da cruz sobre a impingem, ela continua com a reza:

"Curo-te, coisa danada, com água enfumaçada que nem tu, que nem o diabo pode curar."

E termina com um Pai-Nosso e três Ave-Maria, e com o sinal da cruz, Pai, Filho e Espírito Santo. Amém.

## PARA TIRAR INSOLAÇÃO DO PET E DO TUTOR
*(Joana Pinheiro da Silva, Varginha-SP)*

Dona Joana pega um pano branco, um copo com água pela metade e realiza círculos sobre a cabeça do tutor e do seu animal, sete vezes no sentido anti-horário, e reza:

> "Jesus Cristo, filho de Deus, quando no mundo andou, muito sol e muito calor apanhou. Encontrou Nossa Senhora com um copo de água na mão, com o copo sobre a cabeça do Cristo tirou todo o calor de sua cabeça e levou no copo com água quente para esfriar no rio Jordão, e Jesus pôde continuar sua caminhada. Com este copo de água retiro também todo calor de tua cabeça com os poderes da Virgem Mãe, em nome do Pai-Nosso, do Filho e do Espírito Santo. Amém."

Ela joga a água do copo em água corrente e reza ainda três Pai-Nosso. Não se assuste se a água ferver.

## CONTRA FEBRE ALTA NO PET
*(Tânia Alves Abreu Travares, Conceição das Pedras-MG)*

Dona Tânia pega um copo e enche até a metade com água filtrada. Com um rosário, ela inicia a reza fazendo o sinal da cruz em cima da cabeça do tutor e do seu animal:

> "Em nome do Pai, do Filho e do Espírito Santo, eu vos suplico, Senhor, que a intercessão do bem-aventurado São Hugo tome (*diga o nome do tutor e do animal*) merecedor da vossa graça, obtendo a cura da febre que o faz sofrer, que o atormenta cruelmente. Socorrei-o Jesus, por vossa bondade infinita. Assim seja. Amém!"

Ao terminar, roda sete vezes o copo no sentido anti-horário sobre a cabeça do tutor e do seu animal, e joga o líquido na pia com a água corrente da torneira. Com o rosário, faz o sinal da cruz em nome do Pai, do Filho e do Espírito Santo. E fala três vezes: "Está feito, está feito, assim seja. Amém".

## CONTRA MAL DA CAMA (PREGUIÇA) DO TUTOR E DO PET
*(Neide Milagres Borges, Lambari-MG)*

Quando um tutor ou seu animal caem de cama e não têm forças para reagir, dona Neide realiza uma reza com azeite de oliva. Ela vai molhando a ponta do polegar direito e ungindo a testa do doente, enquanto reza:

"Aqui em nome de Deus Pai, do Filho e do Espírito Santo, trazemos nosso advogado, São Ulrico, porque nosso (*diga o nome do tutor e do animal*) se desfaz numa fraqueza que não os deixa levantar da cama."

Em seguida, ela faz o sinal da cruz na testa do tutor e do animal, rezando:

"Que Deus mande seu cavaleiro, cheio de força, para atender esse cristão e seu animal (*diga o nome do tutor e do animal*) que estão presos ao leito sem ânimo para viver. (Sinal da cruz e unção na testa do dois, tutor e animal.) Agora eu sinto a chegada de São Ulrico, distribuidor da força divina. Isso ele faz, em nome de Deus Pai, Deus Filho e em nome do Espírito Santo. (Mais uma unção com o sinal da cruz.) Traga a sua força por intermédio de São Ulrico e de todas as forças celestes. Amém. (Sinal da cruz.)"

Para finalizar, três Pai-Nosso e três Ave-Maria.

## CONTRA FEBRE NO PET E NO TUTOR
*(Santina da Glória Limoeiro, Itu-SP)*

Dona Santina pega uma batata média e a corta em fatias finas, deixando-as num prato fundo com água. Quando ela vai para o atendimento, coloca as fatias ao redor da testa do tutor e do seu animal, e inicia o benzimento:

"Aqui venho com a batata te tirar febre brava, com essas finas rodelas, tirar o calor de tua testa. Vou tirando da tua cabeça, vai penetrando na batata essa febre, conforme o calor vai saindo essa dor vai assando, vai cozinhando, vai queimando e aliviando a sua febre e dor de cabeça, dando até suador. Frita, e o fogo vai sendo arretirado da testa de (*diga o nome do tutor e do animal*)."

Ela então deixa a batata por dez minutos, retirando-as depois queimadas pela febre. Para cada fatia retirada, ela reza uma Ave-Maria e faz o sinal da cruz. Ao terminar, recolhe todas e as deixa do lado de fora da casa numa sacola plástica para o lixeiro recolher.

### PARA TRATAR FERIDAS DE ANIMAIS
*(Almerinda Madeira de Lima, Porto-Portugal)*

Dona Almerinda usa uma gamela de madeira, contendo água, fumo de corda e sal grosso. Com um espeto de ferro em brasa, faz o sinal da cruz na água e usa essa água que apagou a brasa para banhar a ferida em forma de compressas, por uma semana seguida. Uma parte da água ela coloca em um copo e dá para o tutor do animal tomar. E, com a mão sobre a cabeça deles, reza:

"Na cruz morreu Nosso Senhor Jesus Cristo, nesta cruz morrerá a ferida de (*diga o nome do tutor e do animal*). Pai, Filho e Espírito Santo. Amém."

### PARA ANIMAIS EM GERAL
*(José Fernandes, Cachoeira do Campo-MG)*

Seu Zé Fernandes, como pede para ser chamado, com seu raminho de arruda faz o sinal da cruz sobre o animal e seu tutor, dizendo:

"Desçam as bênçãos de São Francisco de Assis sobre este animal (*diga o nome do animal*), sobre esta criatura de Deus, para que sejam vigorosas, sadias e úteis para meu serviço e bem-estar. E que elas manifestem a vida e a saúde de São Francisco de Assis. (*Diga o nome do animal*), que elas cresçam e se multipliquem abundantemente e que a proteção da Divina Presença as conserve sempre em perfeita saúde e as dirijam de forma a estarem livres de todos os perigos."

O raminho de arruda vai ficar murcho ou queimado. Enrole-o em um papel branco e jogue no lixo, fora de casa sempre.

## CONTRA NERVOS DISTENDIDOS EM ANIMAIS E TUTORES
*(Luciano do Nascimento Sobrinho, Atibaia-SP)*

Senhor Luciano pede para o tutor expor a sua parte doída e a do animal. Ele pega seu paninho branco com sua agulha e linha também branca. Coloca o pano sobre a parte dolorida e transpassa a agulha sobre o pano, perguntando para o tutor do animal:

– O que coso?

E o tutor responde:

– Carne quebrada, veia entupida, retorcido e osso quebrado.

Neste momento, ele dá um ponto no pano e retira a agulha e a linha costurando.

– Com este ponto eu coso. Com os poderes de Deus, da Virgem Maria e de São Frutuoso, assim mesmo eu benzo. Assim mesmo eu coso.

Ele repete três vezes, perguntando o que o tutor tinha, qual era a dor que sentia. Quando termina, reza um Pai-Nosso e uma Ave-Maria. No final, queima a linha e molha o pano e a agulha em água com sal grosso.

## PARA OS OLHOS VERMELHOS DE CÃES, VACAS, CAVALOS E AVES
*(Dirce Farias da Costa, Lisboa-Portugal)*

Em noite de lua minguante, Dona Dirce deixa um copo com água no sereno contendo um dente de alho, um galho de folha de arruda (folha pequena) e três gotas de limão. No dia seguinte, ela coa num papel de filtro de café e guarda num frasco escuro de âmbar virgem. E reza sobre o frasco:

"Vai-te, ar do vermelho dos olhos deste excomungado, vai-te para as ondas do mar salgado."

E então ela manda o tutor do animal pingar duas gotas em cada vista, três vezes ao dia, de manhã, ao meio-dia e à noite. Ao pingar o preparado nos olhos do animal, deve-se rezar um Pai-Nosso.

## PARA OS ANIMAIS EM GERAL
*(José Ribeiro Lopes, Goiás Velho-GO)*

Seu Zé, muito respeitado em Goiás Velho, cabeça branquinha, rosto bem enrugado pelo sol, me ensinou a benzedura que serve para pássaros, gatos, cachorros, cavalos, vacas, porcos, carneiros, cabritos, ovelhas e até para os animais silvestres. Num campo ou jardim, pegue um galhinho de arruda, alecrim ou guiné (deixe sua intuição escolher). Ele avisa que não se deve esquecer de pedir permissão à planta, porque ela é um ser vivo que nos ajuda e merece nosso respeito. Escolhido o ramo, vá fazendo o sinal da cruz sobre o corpo do animal até terminar a oração:

"Benzo-te, ó pobre animalzinho, para que saia de teu corpo todo fluido ruim ou vibrações más provenientes de mau-olhado, inveja, ciúme que lhe puseram. Que passe para este ramo desta planta abençoada toda influência negativa que está te atormentando, seja de tristeza, de dor, de angústia ou de doença espiritual. Que o anjo tutelar que vela por tua espécie esteja neste momento me assistindo e dando-me forças para que te livre desses males e voltes a viver com a mesma alegria e disposição de antes, porque também és criação de Deus e Ele te concedeu vida para que tenhas saúde e cumpras a tua parte junto ao seu tutor. Deus de infinita sabedoria e bondade, dai-me forças para que eu tire deste animal, tua criatura, toda maldade que porventura o afete em sua existência terrena. Junte ao amor que lhe destes as vibrações positivas e salutares que possam fazê-lo ficar são e isento de cargas fluídicas maléficas colocadas por algum irmão imperfeito que a inveja o queira seu mal. Fazei-o, curai-o se é de doença ou mal-estar natural, vindas de alguma coisa que comeu ou sofreu, produzindo-lhe a perturbação. Fazei, Senhor, com que o mal que tiver passe para este galho e desapareça depois sem prejudicar quem quer que seja, mesmo a pessoa que consciente ou inconsciente produziu o mal. Assim seja."

Terminado o benzimento, jogue o ramo fora ou o queime.

## PARA FECHAR FERIDAS EM PETS E NO TUTOR
*(Valquíria de Lucas Faria, Porto Ferreira-SP)*

Dona Valquíria, com seu rosário de contas de lágrimas de Nossa Senhora, segura a cruz fazendo o sinal sobre a ferida que vai curar, podendo ser do tutor ou do animal, e reza:

"(*Diga o nome do tutor e do animal*) Em nome de Deus Pai, em nome de Deus Filho, em nome de Deus Espírito Santo, assim como foi formado o ministro da Santíssima Trindade, assim da mesma forma se pode curar esta ferida."

Ela faz novamente o sinal da cruz sobre a ferida e continua:

"Pelos méritos de Jesus e Maria, que seja curada, em honra e glória do Santíssimo Sacramento, que seja curada esta ferida."

Depois, reza três Pai-Nosso em honra da Santíssima Trindade e fala:

"Rei dos exércitos, cheios estão os céus e a terra da vossa glória. Amém!"

Quando necessário, pede para o tutor do animal retornar três vezes.

## CONTRA BICHEIRA NO PET
*(Valdemar Atalaia Filho, Monte Alegre do Sul–SP)*

Senhor Valdemar, dono de gado e herdeiro da família materna, zela muito pelo seu rebanho bovino. Anda todos os dias pelas pastagens cuidando e fiscalizando a saúde de seus bichos. Às vezes, o gado fere o couro em árvores com espinhos e as moscas varejeiras (berneiras) depositam seus ovos sobre as feridas, infectando e se alimentando do tecido da ferida. Apesar de ter veterinários que cuidem do gado, o senhor Valdemar ainda prefere seus métodos de benzedura porque sente que é mais rápido. Para tanto, ele usa um fio de crina de cavalo, faz um laço com a crina (como uma forca), encosta na cabeça do berne, fecha o laço e inicia a reza:

"Dizia que o boi de (*nome do boi*) tem três bichos. É mentira, só tem dois. Dizia que o boi (*nome do boi*) tem dois bichos. É mentira, só tem um. Dizia que o boi de (*nome do boi*) tem um bicho. É mentira não tem nenhum."

Quando termina a reza, ele fecha o nó e puxa o bigato (larva da mosca), jogando num saco de lixo e levando para bem longe do curral. Depois, lava o local com sabão de coco e põe uma pedrinha de enxofre no lugar de onde o berne saiu.

## PARA A PROTEÇÃO DE SEU ANIMAL
*(Carlos Augusto Ribeiro, Mariana-MG)*

Senhor Carlos prepara um banho de ervas de arruda, guiné, espada-de-são-jorge, comigo-ninguém-pode, alecrim, levante, pimenteira ou manjericão, sal grosso e uma colher de sopa de enxofre em pó. Primeiro, ele ferve três litros de água e desliga o fogo. Espera amornar e vai rasgando as ervas e jogando na água, enquanto reza:

"Deus deu sete ervas para curar seus filhos e seus animais curar. Com arruda o mal vai fugindo, com a guiné vai o mal sendo arretirado, com alecrim o mau-olhado vai saindo, com a espada-de-são-jorge vai sendo cortado todo a mal. Vai sendo cortado. Com comigo-ninguém-pode o olho-gordo e a inveja não podem mesmo, vão saindo de vez. Com levante todo o mal já está sendo arretirado. Com a pimenteira todo o mal está destruindo e queimando, com os poderes que Deus deu a cada uma das ervas sagradas. Vai saindo de reto, com os olhos fechados desta cabeça com a inveja destruída. O sal que veio com a água do mar vai levar tudo de volta para o profundo mar, que Deus salgou e só sobrevive o que é de Deus. Como vocês não são de Deus acabou tudo. Deus é o maior e sempre tira o que não foi feito por ele. Amém."

E então ele vai banhando com essa espécie de chá de ervas mais o sal grosso, da cabeça até o rabo. Depois, o benzedor lava as patas dianteiras e traseiras, fazendo desde o início o sinal da cruz sobre o animal, e sai de frente para não pisar no que foi retirado de energias negativas dele. Não importa o tamanho do animal, se é grande ou pequeno.

## CONTRA QUEDA DE PELAGEM NO PET
*(Cândida Lira Morales, Águas de Lindoia-SP)*

Dona Cândida pega uma folha de comigo-ninguém-pode e escreve o nome do animal e do tutor. Fechando a folha em diagonal, ela acende uma vela branca e cruza a folha com o sinal da cruz, fazendo a seguinte oração:

"Em nome de Deus e da Divina Trindade Pai, Filho e Espírito Santo (sinal da cruz). Com as forças de Nossa Senhora do Rosário eu peço para que a maldade da queda dos pelos causado neste animal (*dizer o nome do animal e do tutor*) seja descarregada e destruída, e o que não foi ligado a Deus que seja minguado nesta folha, que é contra o mau-olhado que está comendo os pelos deste animal."

Fazendo o sinal da cruz no animal, ela reza dois Pai-Nosso e duas Ave-Maria e aplica uma mistura com alecrim e azeite de oliva (meia garrafa de azeite de oliva com 100 gramas de ramos de alecrim fresco pilados até extrair uma tinta verde, deixada no escuro por 20 dias). Dona Cândida repete esse procedimento por três vezes na semana.

## PARA OLHOS VERMELHOS DO PET
*(Antonieta de Lourdes Dias, São Sebastião-SP)*

Dona Antonieta pega um copo com água filtrada e um pano branco limpo. Cobre a cabeça do animal e coloca o copo com água sobre o pano com a boca para cima. Quando o olho está muito vermelho, a água chega até a ferver e fica cheia de bolhas nas paredes do copo. Ela então reza três Ave-Maria para tirar a energia de fogo dos olhos, repetindo o ritual por três dias.

## CONTRA MASTITE DE ARROTO DO FILHOTE
*(Pedro Velloso de Aguiar Neves, Uberaba-MG)*

Quando a fêmea está amamentando, pode começar a sofrer de inchaço nas tetas (úberes). Como nos humanos, os animais também recebem o arroto no peito de seus filhotes quando estão amamentando. Seu Pedro lida com animais desde os 10 anos de idade, e percebe quando a fêmea apresenta um inchaço e não aceita o filhote, porque sente muita dor. Ele então corre para realizar o benzimento do arroto no peito (o qual, por sinal, ele disse que também deu certo com sua esposa). Primeiro, faz três cruzes seguidas com o polegar esquerdo sobre o peito do lado direito ou com o polegar direito sobre o peito esquerdo. Depois, vai dizendo três vezes a benzedura:

"Casa de palha muito molhada, arroto no peito, isso não é nada."

Por último, reza um Pai-Nosso e uma Ave-Maria.

## CONTRA PATA INCHADA (ARTRITE)
*(Chico Alves da Cunha Oliveira, Feira de Santana-BA)*

Seu Chico usa uma garrafa com azeite de oliva, arnica, erva baleira e cinco sementes de sucupira das flores brancas amassadas, curtidas no azeite. Com essa mistura, massageia as patas dianteiras e traseiras do animal e, com uma faixa de algodão larga, enfaixa as patas inchadas. Antes, ele unge a pata e o tornozelo do animal com o polegar, fazendo o sinal da cruz, e põe um pouco da mistura no local, massageando enquanto reza:

"Santo Amaro andou pelo mundo curando as dores dos humanos e dos animais a pedido de Jesus Cristo e da Virgem Maria. O que por Santo Amaro for feito, agora será feito também por nós, em nome de Nosso Senhor Jesus Cristo, em nome de Deus Pai e da Virgem Maria."

Ele aplica mais mistura no local e continua:

"Essa dor vai embora, porque *(diga o nome do animal)* merece pela sua criação de Deus não mais padecer desta dor, em nome do Pai, do Filho e do Espírito Santo. Amém."

Seu Chico termina com o sinal da cruz e enfaixa a pata ou as patas do animal. Ele percebe que, muitas vezes, os tutores apresentam também problemas nos punhos, cotovelos e tornozelos, que ficam inchados assim como os de seus animais. Ele diz que os animais puxam a artrite e a artrose dos seus tutores. Quando ele cuida dos seres não humanos, os tutores também ficavam sem dores. De quem então é o problema real: do animal ou do tutor?

## PARA ANIMAIS AGITADOS
*(Cátia Borges Santiago, Itapetininga-SP)*

Dona Cátia realiza esta benzedura quando o filhote é muito agitado, destruindo qualquer coisa dentro de casa, rasgando roupas do varal, pulando cercas e muros. Com o seu ramo de arruda e um copo com água e sal grosso, ela vai molhando e aspergindo sobre o animal que está em agitação e descontrolado, fazendo o sinal da cruz e dizendo:

"Cristo pelo caminho ia com Santo Valentim. Então Jesus foi quem mandou Valentim, meu bom Santo. Cuide deste animal que está muito agitado para mim. Pai, Filho e Espírito Santo, Amém."

Finaliza rezando três Pai-Nosso e duas Ave-Maria.

## PARA URINA SOLTA DOS PETS IDOSOS
*(Benedita de Jesus Silva, Cajamar-SP)*

Dona Benedita atende animais com todos os tipos de problemas de urina e de bexiga solta, com sangue ou urina guardada. Ela pega uma espada-de-são-jorge, deita o animal e vai fazendo o sinal da cruz sobre a bexiga dele, enquanto reza:

"Bem-aventurado, São Libório, rogo-vos vossa intercessão junto ao onipotente para que esta criatura na forma animal (*diga o nome do animal*) não seja mais atormentado dos males da urina, solta, suja, com sangue, mal-cheirosa, urina guardada, de bexiga com pedras, areia. Senhor Deus, vós dignastes conceder ao vosso bem-aventurado Santo Libório o poder de curar os males da urina. Nós vos rogamos que, pelos méritos do vosso Santo, o vosso servo (*diga o nome do animal*) se veja livre dos tormentos que o afligem. Santo Libório, curai (*diga o nome do animal*). Santo Libório, socorrei (*diga o nome do animal*). Santo Libório protegei (*diga o nome do animal*). Assim seja!"

Dona Benedita faz o último sinal da cruz e joga o ramo de arruda numa cesta de palha. Quando realiza o benzimento no campo, ela cava uma covinha e enterra o ramo de arruda, pisando três vezes sobre a cova para o mal não sair dali.

### CONTRA CONVULSÕES NO PET
*(Ana Maria Loureira, Sorocaba-SP)*

Dona Ana diz:

"Filho, eu benzo as criaturas de Deus que têm convulsões. Só nos bichinhos com vermes e até com bicheiras, faço três dias seguidos: (*diga o nome do animal*) em nome de Deus Pai, salve a dor de Deus Filho, em nome de Deus Espírito Santo que vive, sabe da moléstia de quem padece dos vermes. Que comam sua própria carne e convertam-se em água em nome do Pai, do Filho e do Espírito Santo. Amém."

### CONTRA BICHEIRAS NO PET
*(Lourdes Monteiro Silveira, Sumaré-SP)*

Dona Lourdes aprendeu a benzer bicheira com sua bisavó. Com um ramo de alecrim, ela faz o sinal da cruz e diz:

"Deus deu o poder para alguém curar. Em nome de Deus, eu curo a bicheira que entrou no couro da pele, que entrou na carne de (*diga o nome do animal*). Com o poder que Deus me deu, bicheira sai do couro da pele, sai da carne morta. Como arruinou o couro da pele, cai no chão, que seus ovos e larvas te acompanhem para onde Deus mandou. Eu que sou filha de Deus te condeno agora a ir para o mar salgado, onde o sal vai te matar para sempre."

Finaliza com o sinal da cruz três vezes, jogando creolina no buraco da ferida.

### CONTRA FERIDA QUE NÃO FECHA NO PET
*(Vânia Fagundes Pallas, Piedade-SP)*

Dona Vânia, fazendo o sinal da cruz até terminar, benze:

"Eu, (*diga o nome de quem está benzendo*), te benzo, (*diga o nome do animal*), que tem esta ferida aberta com as palavras de Deus e nossa Mãe Santíssima. Pois, assim como o serviço do dia santo não vai para frente, esta ferida não há de ir, os bichos que vão para o inferno, arder no fogo eterno do inferno."

## CONTRA BICHEIRA NO PET
*(Jorge Lopes Duarte, Belo Horizonte-MG)*

Senhor Jorge realiza esta reza por três vezes, com um ramo de alecrim. Ele reza assim como serviço de domingo:

"De dia santo não leva ninguém adiante, as línguas más e desacreditadoras falam do que veem e do que não veem, assim os bichos desta bicheira hão de cair tudo, de (*diga o nome do animal*), ou vivo ou morto. Deus um, de dois em dois, de três em três, de quatro em quatro, de cinco em cinco, de seis em seis, de sete em sete, de oito em oito, de nove em nove, andem a cair até vivos ou mortos do corpo de (*diga o nome do animal*)."

Ele termina com o sinal da cruz e atira o ramo de alecrim no fogo do fogão de lenha.

## CONTRA ÚVULA CAÍDA (CAMPAINHA) NOS PETS
*(Rosa Maria da Piedade Correia, Tapirai-SP)*

Dona Maria conta que os animais também têm campainha na garganta e elas caem como nos humanos. Seu volume aumenta e inflama, provocando um edema que incomoda o pobre animal. Ela faz a seguinte reza:

"São Brás e São Lucas, estrela caída do céu, levanta-te campainha do céu da boca. Sinal da cruz eu faço na nuca deste (*diga o nome do animal*), que esta campainha há de ficar no alto do céu da boca deste animal."

A benzedeira diz que, se precisar, faz esta outra oração:

"O senhor padre vestiu-se, paramentou-se e subiu para o altar. Campainha caída de (*diga o nome do animal*) volta para o teu lugar, campainha caída, Deus que te ergueu, Deus que adornou, Deus te alevantou com os poderes de Deus Pai, Deus Filho, Espírito Santo, Amém."

Em seguida, ela puxa sete vezes a orelha do animal com o dedo polegar, fazendo o sinal da cruz, e sete vezes no pescoço e na nuca do pet. Muitas vezes, é feita também a reza no tutor que está com a campainha caída, e o reflexo cai sobre o animal.

## CONTRA BICHEIRA NO PET
*(Oswaldo Figueira Cruz, Poços de Caldas-MG)*

Com um ramo de arruda ou de alecrim, ele realiza a benzedura fazendo o sinal da cruz do início ao final:

"*(Diga o nome do animal)* bicheira de bicho bravo, de bravo tu não tem nada, só foi morar num tecido fraco. Bicho fraco, tu se achas bravo, de bravo você só é fraco. Bicho fraco, estou tirando tua força e te deixando mais fraco e sem força. Eu, com o poder e a força de Deus Todo-Poderoso, tiro sua força e te mando agora mesmo pro fundo do mar salgado, onde não respiras e morrerás. No fundo do mar não és mais nada (sinal da cruz sobre a ferida). Pai, Filho e Espírito Santo. Amém."

Deve-se jogar os ramos usados na benzedura em água corrente.

## CONTRA COBREIRO BRAVO NO PET
*(Helena Santiago Vaz, Itajubá-MG)*

Em período de lua minguante, dona Helena colhe um ramo de sabugueiro só para fazer o benzimento de cobreiro bravo. Ela então pega a água que foi *iluminada* na noite de lua minguante (a qual sempre deixa guardada em recipiente escuro, para quando precisar fazer seus benzimentos) e vira numa tigela branca. E então despeja um pouco dessa água numa caneca, e vai molhando o ramo de alecrim nela, aspergindo e fazendo o sinal da cruz sobre a área com vermelhidão, do início ao final da oração:

"*(Diga o nome do animal e do tutor)*, cobra, cobrão, sapo, sapão, lagarto, lagartão, sarampo. Daqui eu te benzo com a água da lua minguante e com água da fonte, para que não cresças, não verdejes, não deixes sua baba, não juntes o rabo com a cabeça, pois eu corto a cabeça. Com esta água te minguo para sempre do corpo deste *(diga o nome do animal e do tutor)*. Com as forças do Pai, do Filho e do Espírito Santo. Amém."

Ela faz essa reza três vezes seguidas, e a cada uma delas queimando o ramo no fogo.

## PARA PROBLEMAS DE ESTÔMAGO NO PET
*(Cinthia Vieira Garcia, Aracaju-SE)*

Dona Cinthia realiza esta benzedura durante nove dias seguidos, três vezes ao dia, e usa em seu peito, pendurado num cordão, uma cruz de caravaca (mas também pode ser um rosário). Ela reza 13 Pai-Nosso e três Ave-Maria em intenção das cinco sangrias das chagas de Nosso Senhor Jesus Cristo e do sangue derramado por São Sebastião, e depois vai sempre fazendo o sinal da cruz, do início ao fim da seguinte oração:

"Magnânimo São Sebastião, que tanto sofrestes pelo amor de Nosso Senhor e que, pela vossa infinita crença na eterna bem-aventurança dos céus, tanto sangue derramastes. Todo contrito e possuído de ilimitada fé, de joelhos venho suplicar concedais a graça de interceder junto do Pai eterno e de seu Santíssimo Filho, para que (*diga o nome do animal e de seu tutor*) se veja livre da úlcera que tão cruciante sofrimento lhe causa. São Sebastião, esta súplica vos é dirigida em nome do santo sangue que derramastes sem nenhuma queixa, sem o menor lamento, com a serenidade dos justos e dos que sabem que os céus são o vosso reino. São Sebastião, misericordioso, rogai por todos os crentes que neste mundo de pecadores sofrem. São Sebastião, rogai por nós. Em nome do Pai, do Filho e do Espírito Santo. Amém."

## PARA TIRAR BERNE DO COURO DE CACHORRO, GADO, CAVALO E PETS PEQUENOS
*(Claudia Mendes Nascimento de Lima, Rio Claro-SP)*

Dona Claudia, com um fio de pesca de náilon de 1 milímetro, faz um laço tipo forca, colocando sobre a bicheira e rezando:

"Tão certo como não se tira proveito de trabalho, satisfazeis nos dias dos santos, tão certo não hão de prosperar de agora em diante os bichos neste animal (*diga o nome do animal*) e serão colhidos pela morte rápida. Em nome da Santa Trindade, fique liberto de seu mal."

Por último, ela fecha o laço sobre a ferida, diz amém e faz o sinal da cruz três vezes, rezando um Pai Nosso. O laço, neste benzimento, é só simbólico, simulando que está enforcando o berne.

## CONTRA BICHEIRAS EM EQUINOS E BOVINOS
*(Rita de Cássia Sousa Dias, Itapira-SP)*

Dona Rita aprendeu a benzer com sua avó, que era fazendeira e curava o gado leiteiro só com benzimento, para não contaminar o leite de suas vacas. Para realizar este, ela usa um fio de náilon de pesca, bem fino, e dá um laço como forca, do tamanho do buraco em que a bicheira está. Ela inicia o benzimento falando três vezes o nome do animal e segue dizendo:

> "Foge dele, bicho do berne, da frente de São Nicolau. Berne da mosca varejeira, da terra podre, da terra dura, que são Nicolau fez tua sepultura. Para não ter luz e vida morre para sempre, em nome do Pai, do Filho e do Espírito Santo. Amém."

Por fim, dona Rita força o olho do berne e laça sua cabeça, puxando bem devagar até sair toda a bicheira.

## BENZEDURA DE SÃO FRANCISCO DE ASSIS AOS CUIDADOS DOS ANIMAIS
*(Raimundo Leite Fidelis, Lagoinha-RJ)*

Senhor Mundinho, como é chamado por todos em Lagoinha, diz que benze para ossos quebrados, problemas circulatórios, problemas neurológicos, de pele e muscular. Ele analisa qual é o problema trazido pelo tutor e por seu animal, e inicia e termina com o sinal da cruz. O benzedor conta que, muitas vezes, atende primeiro o tutor e depois o animal, porque vê o reflexo causado no animal, o qual estaria transmutando a doença do tutor (apresentando sintomas em si próprio) para protegê-lo. Sua reza:

> "Eu, (*diga o nome do benzedor*), te coso carne machucada, veia cravada, nervo retorcido, osso rendido, de frio e jeito e de força, assim mesmo eu coso meu São Francisco de Assis, com as três Ave-Maria: Ave-Maria da carne machucada, Ave-Maria da veia agravada, Ave-Maria do nervo rendido, assim mesmo eu coso. Meu São Francisco de Assis, proteja o corpo deste (*diga o nome do animal*)."

## CONTRA OSSOS QUEBRADOS NOS PETS

*(Rui Cândido Figueiredo Neto, Ribeirão Bonito-SP)*

Senhor Rui, com seu galhinho de arruda na mão direita, inicia a sua reza fazendo o sinal da cruz do início ao final:

"Eu, (*diga o nome do benzedor*), benzo (*diga o nome do animal*) de carne quebrada, veia aberta, nervo torto e de osso lascado ou separado, pelo nome de Deus, da Virgem Maria e de Santo Afonso. Eu, (*diga o nome do benzedor*), vos curo e vos deixo sãos. Com a ordem de Santo Afonso e os poderes de Deus Pai. Amém."

## CONTRA PICADA DE PEÇONHENTOS NO PET

*(Walter Quirino Marques, São Lourenço-MG)*

Seu Walter realiza benzimentos para picadas de cobras de duas formas: a primeira para prevenir e a outra após a picada. Para esta última, ele escreve num papel o nome do tutor e do seu animal, guardando em uma carteira, no bolso do lado esquerdo do corpo. E reza uma evocação a São Bento:

"Meu glorioso São Bento, que subiste no altar, desce de lá, com tua água-benta e benze os lugares por onde andar (*diga o nome do animal e do tutor*). Afugenta as cobras e os bichos peçonhentos, que não tenham dentes para morder (*diga o nome do animal e do tutor*), nem olhos para olhar (*diga o nome do animal e do tutor*). Recorro a ti, São Bento, Filho, recorro ao anjo protetor de (*diga o nome do animal e do tutor*), recorro à Virgem Maria. Amém."

Outra reza que seu Walter realiza enquanto asperge água-benta e faz o sinal da cruz do início ao fim sobre o animal e sobre o seu tutor é:

"São Bento na água-benta, Jesus Cristo no altar, o bicho que estiver no caminho arrede que (*diga o nome do animal e do tutor*) vão passar e seu veneno não irão provar, assim como São Bento com o sinal da cruz destruiu seu veneno mortal, com o sinal da cruz destrua o seu mal, em nome do Deus Pai, Deus Filho e Espírito Santo. Amém."

## PARA ACABAR COM AS PULGAS NOS PETS
*(Viviana da Costa Amadeu Leite, Valinhos-SP)*

Dona Viviana faz suas rezas sempre às quintas-feiras à tarde. Usando uma vassoura feita por ela com erva-de-santa-maria, ela varre a casa da pessoa do fundo para a saída, pela porta da frente. Depois volta na sexta-feira e faz o mesmo procedimento. Ela reza por três vezes a oração da Ave-Maria, pega um copo com água e, terminando de orar, toma um bochecho d'água e borrifa nos cantos da casa, dizendo mentalmente, várias vezes:

"Pulgas, piolhos e outras pragas, fiquem citados que de hoje para amanhã, sábado, vocês serão mudados de endereço. Amém."

Ela deixa a vassoura de erva-de-santa-maria no canto esquerdo da porta de entrada, do lado de dentro. Quando secar, pega de volta a vassoura e queima no fogão a lenha, rezando três Pai-Nosso.

## CONTRA MORDIDA DE COBRA
## NO PET OU NO TUTOR
*(Ana Paula Fonseca Soares, Caraguatatuba-SP)*

Dona Ana Paula, com um raminho de erva butão, vai fazendo o sinal da cruz sobre a picada enquanto reza:

"Senhor São Bento, com o santo milagreiro e com água-benta, retirai o veneno desse bicho mal peçonhento. Meu glorioso São Bento, com a erva butão, água fria e a Virgem Maria, tirai esse veneno que nesse corpo não havia, esse veneno que não entrou pela boca deste (*diga o nome do animal ou de seu tutor*) vai sair pela respiração e com suco da erva butão, em nome do Pai, do Filho e do Espírito Santo. Amém.

A benzedeira também macera com as mãos a erva butão e pinga o sumo sobre a picada, enquanto vai rezando. Depois recolhe a erva e joga na água corrente.

## PARA O OLHO FOSCO NO PET IDOSO
*(Paulo Roberto Mouro de Lima, Apucarana-PR)*

Seu Paulo Roberto usa um copo de água com sal e um chumaço de algodão embebido na solução. Enquanto realiza a reza, ele faz o sinal da cruz sobre os olhos do animal, dizendo:

"Quando Jesus curava os cegos e fazia os cegos verem de novo, a multidão o chamava de santo, assim Santo Albino me deu esse poder de curar a cegueira e os males que este (*diga o nome do animal*) está sofrendo em suas vistas, em nome de Nosso Senhor Jesus Cristo e da Santíssima Trindade, deu o poder a Santo Albino para curar. Eu vou lhe curar deste mal das vistas também. Deus Pai, Deus Filho e Espírito Santo. Amém."

## CONTRA INVEJAS E OLHO-GORDO SOBRE OS ANIMAIS
*(Luiz Carlos Souza Mendes, Nova Maringá-MG)*

Seu Luiz coloca duas folhas de espada-de-são-jorge em forma de cruz – a primeira sobre o peito do animal ou do seu tutor e a segunda sobre as costas – e, com uma terceira, faz o sinal da cruz e então reza:

"Deus é o sol, Deus é a lua, Deus é a qualidade, Deus é o sumo da verdade. Assim como Deus é o sol, Deus é a lua, Deus é a polaridade, Deus é o sumo da verdade. Tire o ar preto, o ar amarelo, o ar mudo, o ar surdo, o ar estuporado, o ar de quentura, o ar de nervoso, o ar de nevralgia, o ar de reumatismo, o ar de paresia, o ar de frieza, o ar de moléstia do tempo, tire de (*diga o nome do animal e de seu tutor*) a maldade, tire da cabeça, da carne, dos nervos, das juntas, para ir para as ondas do mar. O fruto do Espírito Santo. São 12. O primeiro é o gesto, o segundo é a paz, o terceiro é a caridade, o quarto é a paciência, o quinto é a calma, o sexto é a bondade, o sétimo é a dignidade, o oitavo é a mansidão, o nono é a fé, o décimo é o modesto, o décimo-primeiro é a continência e o décimo-segundo é os 12 apóstolos de Nosso Senhor Jesus Cristo, que guarde este (*diga o nome do animal e de seu tutor*). Paz domine São Conarch. Aleluia. Amém."

No final, seu Luiz deixa na cerca de arame as espadas-de-são-jorge para secarem ao sol.

## CONTRA MALES DO ÚTERO EM FÊMEAS NOVAS
*(Camila Moreira Munhoz, Ribeira do Piauí-PI)*

Dona Camila explica que guarda vários tipos de águas para usar em seus atendimentos, como águas de chuvas, rios, mares, lagos, cachoeiras, poços e fontes. No caso de benzimentos dos animais com problemas de útero, ela separa, em três vasilhas de louça, água de rio barrenta, água de chuva e água de poço férrea. Em cada uma, ela molha a ponta do polegar para ungir a barriga da fêmea e de sua tutora, fazendo o sinal da cruz nas partes baixas da barriga e realizando a seguinte reza:

"Águas pendentes só correm para o mar, foram palavras que Deus disse. Madre, procura teu lugar, com os poderes de Deus, da Virgem Maria. Amém."

As três águas utilizadas na benzedura devem ser derramadas na terra para serem devolvidas às suas origens, levando o mal da barriga do animal e de sua tutora, para não voltar mais.

## PARA CORAÇÃO FRACO NO PET
*(Maria Clara Bernardo Silveira, Tailândia-PA)*

Dona Maria Clara, com um copo de água com sal grosso e um ramo de alecrim, vai fazendo o sinal da cruz e aspergindo água com sal sobre o tórax do animal e do seu tutor, do início ao fim da reza:

"Meu Deus, Pai criador de todas as coisas. Meu Jesus Cristo, Nosso Senhor, que na Cruz por nós padeceu. Virgem Maria, Mãe Imaculada, Espírito Santo da Santíssima Trindade, (*diga o nome do animal e de seu tutor*) sofre de mal do coração e, portanto, eu conclamo Santo Arnaldo para vir e curar seu mal e sua dor. Santo Arnaldo, a quem Jesus Nosso Senhor encarregou de cuidar do coração das pessoas, aqui onde faço o sinal da cruz, com a água e sal, será curado. Com a graça de Deus Pai, com a graça de Deus Filho, com a graça da Virgem Maria e com a sua bondade. Em nome do Pai, do Filho e do Espírito Santo. Amém."

A água com sal é jogada em água corrente e o ramo de alecrim vai para o lixo fora de casa.

## CONTRA COBREIRO NO PET
*(Lúcia Camargo Raposa, Campanha-MG)*

Dona Lúcia, usando um ramo de arruda fresco, faz o sinal da cruz sobre a ferida enquanto realiza o benzimento. Inicia falando o nome do tutor e do seu animal, sempre fazendo o sinal da cruz com o ramo:

"*(Diga o nome do animal e do tutor)*, se você tiver cobreiro de cobra, lagartixa, sapo ou aranha, eu corto a cabeça e o rabo do cobreiro e jogo tudo no fundo do mar salgado, onde não tem luz e nem volta para fazer mal a nenhuma criatura divina. Bento, São Bento, deixe este animal *(diga o nome do animal e do tutor)* livre, e Bento, São Bento, são e saudável. Amém."

Repetir o benzimento três vezes seguidas, na mesma semana.

## CONTRA HERPES VÍRUS OU ZONA NOS ANIMAIS
*(Cândida Bastos Guerreiro da Silva, São Bento Abade-MG)*

Dona Cândida, com um ramo de alecrim e uma caneca de ágata, vestida de branco, esparge com água e sal, em cruz, sobre a parte vermelha e com bolhas do animal ou do seu tutor, dizendo:

"Deixe cobreiro o *(diga o nome do animal e de seu tutor)* livre assim como quer o Senhor. Eu te benzo, eu te curo, eu te saro, com os poderes de Deus Pai, Deus Filho e do Espírito Santo. Amém."

Ela então queima o raminho de alecrim no fogo ardente do fogão a lenha ou a gás. Deve-se fazer de três a sete vezes, até secar todo herpes.

## CONTRA COBREIRO NOS ANIMAIS
*(Décio Pinheiro Viana, Varginha-MG)*

Senhor Décio, com um ramo de alecrim, faz várias vezes o sinal da cruz sobre a ferida do animal e de seu tutor, do início até o final da reza:

"Cobreiro, eu fui a Roma, romarei; encontrei a serpente, serpentei; encontrei o cobreiro, encobrarei. Eu corto o rabo, a cabeça no meio eu deixei."

Deve-se rezar três vezes fazendo o sinal da cruz e jogar o ramo no lixo fora de casa.

## PARA PROBLEMAS DE ÚTERO NAS FÊMEAS DE PETS
*(Geralda Vieira Xavier, Monte Santo-BA)*

Dona Geralda, com uma espada-de-santa-bárbara, vai fazendo o sinal da cruz sobre a barriga da fêmea. Pode-se também usar um cristal de ponta, realizando o sinal da cruz e dizendo:

"*(Diga o nome do animal e de sua tutora)*, a Virgem Maria sofreu para dar à luz o menino Jesus, mas ele nasceu e ela deu a Santa Mônica a chave para curar todas as dores de *(diga o nome do animal e de sua tutora)*, em nome do Pai, do Filho e do Espírito Santo. Amém."

Terminando a benzedura, ela joga a espada-de-santa-bárbara no lixo fora de casa. Se usar o cristal, realize a limpeza dele com água e sal, e deixe tomar sol para ser energizado.

## CONTRA COISAS RUINS SOBRE SEU PET
*(Paulina Rezende Livreiro Lima, Campinas-SP)*

Dona Paulina usa três ramos de alecrim e um copo com água-benta até a metade. Durante toda a oração, vai fazendo o sinal da cruz sobre o animal e seu tutor, sempre aspergindo a água-benta:

"Senhor, vossa misericórdia é infinita, como infinito é o vosso poder sobre todas as coisas dos Céus e da Terra que criastes. Nenhum crente pode ou duvida de vossa bondade e de vossos milagres, que são tantos que é impossível enumerá-los. Por esta razão, Senhor, a vós me dirijo, certo de que estas minhas súplicas serão prontamente atendidas e que sabereis dar imediato alívio a esta criatura que tanto necessita do vosso amparo *(diga o nome do animal e de seu tutor)*, Senhor, e está sofrendo dessa doença que definha dia a dia. Seus padecimentos a todo compungem, e é preciso pôr um paradeiro aos seus males. É por esta razão que a vós recorro, certo de que sabereis compreender os sentimentos que me levam a vos pedir socorro."

Quando termina, ela joga os três ramos de alecrim no fogo do fogão a lenha. Também podem ser dispensados no lixo fora de casa.

## PARA BARRIGA INCHADA E CÓLICA DE INTESTINO NO PET
*(Doralice Ferreira Matos, Boa Viagem-CE)*

Dona Doralice, com um galho de alecrim, reza sobre a barriga do animal ou de seu tutor, dizendo:

"Terra, mar e sol. Terra que Deus escondeu, onde está essa dor de barriga? Esse (*diga o nome do animal e de seu tutor*) meu Jesus Cristo retirou, como diz corre vento, corre cura, com Jesus Cristo aqui na cura. Com esse vento corre cura. Corre na veia para ficar colocado nesta criatura (*diga o nome do animal e de seu tutor*), com o nome de Deus Pai, Deus Filho e Espírito Santo, esse mal será retirado. Amém!"

## PARA TER SEU ANIMAL COM MUITA SAÚDE
*(Paulo Roberto Martins, Feira de Santana-BA)*

Seu Paulo agita um ramo de arruda, fazendo o sinal da cruz ao redor e sobre o animal:

"(*Diga o nome do animal e de seu tutor*), é sabido o que é que tens, não fale meu bem, não conte a ninguém, não mexa com (*diga o nome do animal e de seu tutor*), que eu vou te benzer. Oh! Olho-gordo, inveja ou quebranto, com um te puseram, com dois te botarão, com três eu te espanto, com os poderes de Santo Pai, Filho e Espírito Santo te tiro do corpo e te boto num canto. Mato e arremato, te ponho de quatro, te pego, te parto, te jogo no mato. Sai, mau-olhado, vento fechado. Sai, desgraçado. Vai, excomungado, não fique parado, vai do outro lado, vai para bem longe, lá no mar salgado. Senhor bom Jesus, que morreu na cruz, tão cheio de luz, acorda a lembrança, porque foi criança. Criatura mansa pega o quebranto. Põe no teu manto, acaba com o pranto. A Virgem Maria, de noite e de dia, já me dizia que te curaria. Eu te levanto desse quebranto e do mau-olhado, de tudo virado, desenganado, mas em bom fado, está tudo acabado. (*Diga o nome do animal e de seu tutor*) mimado, já não tens mais nada, vai te curando, a gente deseja que vás à casa e que assim seja. Amém."

Se o galhinho usado for murchando, jogue-o fora e pegue outro, começando o benzimento de novo – desta vez, se o ramo murchar, continue até terminar. No final, queime o ramo no fogão a lenha ou a gás.

## CONTRA PRISÃO DE VENTRE (CONSTIPAÇÃO) NO PET
*(Neuza Salustina Gouvêa, Divinópolis-GO)*

Dona Neuza, com um ramo de alecrim, faz o sinal da cruz na barriga do animal do início ao final da reza:

"(*Diga o nome do animal e de seu tutor*), constipação entra, constipação sai. Deus tira esse mal, Nossa Senhora Aparecida é quem retira esse mal, deste ventre inchado e dolorido. Se for bicho de verme, que saia de vez; se é vento parado, que saia agora; se é alimento que parou, que saia agora, em nome do Pai, do Filho e do Espírito Santo. Amém."

Terminando o procedimento, ela joga o ramo no lixo fora da casa.

A benzedeira diz que, por reflexo, o animal manifesta a constipação que o tutor tem há muitos anos, e com o benzimento isso se resolve.

## CONTRA TOSSE DE CACHORRO NOS PETS
*(Sílvia Alcântara de Lira, Belmonte-BA)*

Dona Sílvia molha o dedo polegar num pouco de querosene e vai fazendo o sinal da cruz, ungindo o tórax do animal. Enquanto ela reza, vai falando o nome do animal e/ou do seu tutor:

"Jesus andava pela Terra e ouviu uma tosse comprida do (*diga o nome do animal e/ou de seu tutor*). Então Jesus chamou São Nicácio que estava no céu e pediu a ele que se encarregasse de parar aquela tosse. São Nicácio fez o sinal da cruz, nome do Pai, do Filho e do Espírito Santo, como eu faço agora, e a tosse comprida foi ficando curta até desaparecer."

Por fim, ela reza três Pai-Nosso e três Ave-Maria.

## PARA CORAÇÃO FRACO NO PET
*(Valéria Rocha Soares, Maracá-AP)*

Dona Valéria molha a ponta do polegar com azeite de oliva e faz o sinal da cruz três vezes sobre o peito (do animal e do tutor), enquanto reza:

"(*Diga o nome do animal e de seu tutor*), em Belém há três meninas. Uma cose, outra fia e a outra cura anginas. Uma fia, outra cura o mal traiçoeiro. Uma fia, outra cose e a outra cura os males do coração fraco. Uma fia, outra cose e a outra já curou todos os males do coração de (*diga o nome do animal e de seu tutor*). Deus permitiu, Nossa Senhora ajudou a terceira filha a curar (*diga o nome do animal e de seu tutor*)."

Para finalizar, três Pai-Nosso em louvor a Santíssima Trindade.

## PARA A CÓPULA DAR CERTO NAS FÊMEAS
*(Sílvia Andrade Ferreira Pinto, Votuporanga-SP)*

Dona Sílvia, com um raminho de alecrim, vai realizando a benzedura fazendo o sinal da cruz do início ao fim sobre o animal e seu tutor, rezando:

"Jesus perguntou qual a mais triste doença que existe no mundo. São Fiacro respondeu: é o imundo. O imundo é a doença que nasce do pecado para mostrar ao pecador que está errado."

Nesse momento, ela reza um Pai-Nosso e evoca São Francisco de Assis. Benzendo de novo, diz:

"O que foi dado por Deus Pai para povoar o mundo não serve para semear o pecado e a vergonha. São Fiacro disso tudo sabe e, já que viu o arrependimento do (*diga o nome do animal e de seu tutor*), vai curar este mal odiento de não saber copular certo, de hoje em diante está abençoada por Deus. Amém."

Ela termina rezando três Pai-Nosso e três Ave-Maria. Ela pede ao tutor que leve para casa os três raminhos de alecrim que usou no benzimento e, quando a lua estiver cheia, que ele prepare, em um caldeirão com cerca de três litros de água, uma infusão de alecrim (após a água ferver, basta acrescentar a erva e desligar o fogo, abafando com a tampa). Quando estiver morna, deve-se dividir o banho: uma parte para o animal e a outra parte para o tutor se banhar da cabeça aos pés. Depois, é preciso jogar os ramos murchos no lixo fora de casa.

## CONTRA MAU-OLHADO E PARA FECHAR OS CORPOS DO ANIMAL
*(Cássia Aparecida Pedroso, Mossoró-RN)*

Dona Cássia mede o tamanho do tórax do animal e do seu tutor, e corta um cipó de árvore e uma espada-de-são-jorge para ir fazendo o sinal da cruz do início ao fim da benzedura:

"Trago o (*diga o nome do animal*) para o teu corpo fechar com as chaves do Santo Sacrário, dentro dele se encerrar. E encerra, assim como vós, Jesus, o teu corpo (*diga o nome do animal e de seu tutor*) será guardado, a tua alma não será maltratada pelos teus inimigos e o teu sangue não será derramado. Jesus e a Virgem te livrarão (*diga o nome do animal e de seu tutor*) dos males físicos, bruxarias e feitiços. E no teu corpo não entrará nenhuma bala, nem faca, nem punhal. Ele está fechado. Com o manto sagrado de Nosso Senhor Jesus Cristo. Assim seja! Amém."

Ela ainda ora três Pai-Nosso pela intenção da proteção de Jesus Cristo.

## PARA PULO MALDADO DO PET
*(Maria Encarnação de Veiga, Xavantes-SP)*

Dona Maria, com azeite de oliva e uma colher de sopa de sumo de arnica, faz o sinal da cruz sobre o animal ou em seu tutor, bem como sobre o local machucado, rezando três vezes:

"Quando Jesus foi pendurado na cruz, os seus ossos foram desconjuntados, mas, quando ressuscitou, tudo estava novamente em perfeita ordem. Da mesma forma, (*diga o nome do animal e de seu tutor*) seu osso há de voltar para o seu lugar. Amém, Jesus."

## PARA ACHAR ANIMAL PERDIDO
*(José Cândido Souza Pires, Natal-RN)*

Seu José acende uma vela branca junto a um copo com água, que põe sobre a cabeça ou a foto do animal e do seu tutor. Ele pega um ramo de alecrim e faz o sinal da cruz sobre o copo, enquanto ora:

"Juntem-se nove almas, três queimadas, três enforcadas e três afogadas, e vão elas onde está (*diga o nome do animal e de seu tutor por três vezes*). Se estiver dormindo, três abalos bem fortes no coração receberá. Se estiver comendo, não comerá. Enquanto ao lugar em que ele (*diga o nome do animal e de seu tutor*) estiver eu não chegar, sossego de espírito ele (*diga o nome do animal e de seu tutor*) não terá. Quero que vá já, já, já. Que ele (*diga o nome do animal e de seu tutor*) não possa fugir, nem se esconder, e se eu não puder encontrá-lo (*diga o nome do animal e de seu tutor*) no lugar onde está, que venha a mim empurrado pelas almas que mando lá. Quero que vá, já, já, já para casa. Em nome do Pai, do Filho e do Espírito Santo. Amém."

## PARA DEFUMAÇÃO EM SEU PET
*(Ângela Almeida Ferraz, São Miguel dos Campos-AL)*

Dona Ângela faz uma mistura com os seguintes pós: incenso, benjoim, mirra, arruda, louro em pó e casca de alho. Acende um incensório com carvão e, quando o carvão está bem vermelho, coloca um punhado dessa mistura e passa no sentido anti-horário, três a sete vezes, ao redor do animal e do seu tutor, enquanto reza:

"Defumo este (*diga o nome do animal e de seu tutor*) em louvor a Deus e ao Santíssimo Sacramento. Que saia todo o mal desta criatura. Se for assim, como as três pessoas da Santíssima Trindade, que vá para cima que o botou. Em louvor a Deus e a Santíssima Trindade, que vá este mal para cima de quem me botou. Em louvor a Deus e com o Santíssimo Sacramento, entre todas as fortunas por esta porta adentro."

A benzedeira fala que, se for emergência, pode-se usar varinha de incenso comercial, realizando o mesmo procedimento.

## PARA NASCIMENTO DAS PRESAS NO PET

*(Maria Piedade Boaventura Reis, Caraguatatuba-SP)*

Ela ensina a seguinte reza:

"Santo Antão, Santo Antão, leve este dente podre e dê a (*diga o nome do animal e de seu tutor*) outro são, em nome de Deus e da Virgem Maria. Santo Antão, Santo Antão, se for dente com dor, Santo Antão, Santo Antão, não volte, não deixe a dor voltar."

A benzedeira aconselha jogar o dente que cai do animal sobre o telhado, recitando a oração:

"Dente são, dente são. Santo Antão, Santo Antão, Santo Antão, torna este dente podre um dente são de (*diga o nome do animal e de seu tutor*)."

## CONTRA PROBLEMA DE URINA NOS ANIMAIS

*(Adelaide Andrade Silva, Campinas-SP)*

Dona Adelaide, com uma folha de espada-de-são-jorge, realiza o sinal da cruz do início ao fim da seguinte reza:

"Água da fonte, água corrente, águas bondosas que curam doentes. Aliviai as dores e a urina presa do nosso (*diga o nome do animal e de seu tutor*). Com as bênções de Deus e de Nossa Senhora, livrai esta criatura de todos esses males. Se a urina também é líquida, que corra, escorra, saia e siga os caminhos das águas. Solta e livra este seu filho (*diga o nome do animal e de seu tutor*) das dores e de urina que sai, urina corra, corra, e leva todo mau agouro junto contigo, em nome de Deus Pai, Deus Filho e Espírito Santo. Amém."

Ao término do benzimento, dona Adelaide pede ao tutor para levar a folha da espada-de-são-jorge, cortá-la em três partes e, com cada uma delas, fazer um banho para ser tomado por três dias. Com meio litro desta água já morna, ele deve fazer uma compressa na barriga do animal, molhando a ponta do seu polegar e fazendo em si mesmo o sinal da cruz sobre sua própria bexiga três vezes. Terminando os três dias, é preciso jogar os três pedaços da espada-de-são-jorge no lixo fora da casa e rezar o Credo todas as vezes que realizar o tratamento no animal, lembrando de fazer o sinal da cruz em si mesmo.

## CONTRA MANQUEIRA DE CAVALOS
*(Celina Cândida Rocha, Matão-SP)*

Dona Celina molha em meio copo de água um ramo de arruda, e vai aspergindo sobre o animal e fazendo o sinal da cruz do início ao fim da seguinte reza:

"(*Diga o nome do animal e de seu tutor*), Jesus e José, numa longa viagem, Jesus andava e José ficava. Disse Jesus a José:

– Anda, José.

– Senhor, não posso.

– Que tens, José?

– Senhor, uma dor de dentro, no peito, no pé, no braço, na pata, etc. (*diga o nome do animal e de seu tutor*) e da dor onde é? Que tanto me atormenta.

– Anda, José, assim como eu fiquei livre, são e salvo, sarei de minhas cinco chagas, assim tu crês (*diga o nome do animal e de seu tutor*) cansados. Que tu hás de ficar livre desta dor. Dor de pancada, de pontada, moléstia do tempo, constipação e ramo e todos os males encantados. Assim (*diga o nome do animal e de seu tutor*), crê que tu hás de ficar livre deste mal."

Ainda aspergindo a água, reza um Pai-Nosso e duas Ave-Maria. Por fim, pergunta ao tutor se a dor já possou. E manda ele responder:

– Está passando, já passou.

## CONTRA MAU-OLHADO NOS PETS
*(Regina Cristina Gomes, Matão-SP)*

Dona Regina prepara uma caçarola de três litros de água com sal grosso, arruda, alfazema, alecrim, guiné e manjericão. Ela coloca a água para ferver e, quando começa a fervura, desliga o fogo, põe as ervas picadas e tampa a caçarola, deixando amornar bem. Depois, realiza o banho no animal e no seu tutor, enquanto reza:

"Afaste-se, mau-olhado, que Deus mandou molhar para todo mau-olhado retirar."

Após fazer o sinal da cruz, ora um Pai-Nosso.

## PARA A COLUNA DOS ANIMAIS
*(Virgínea Terra Maia, Oliveira-MG)*

Dona Virgínea impunha as mãos realizando o sinal da cruz sobre a coluna do animal e rezava:

"Jesus e São João no rio Jordão estavam. Jesus Cristo perguntou:

– João, o que tens que não andas, nem caminhas atrás de mim?

– Jesus, não posso, porque estou com uma dor magra reumática, encostada nos ossos, que não me deixa andar, nem caminhar.

– Pois levanta, João, e caminha atrás de mim (*faça o animal levantar e andar*). Porque assim como minha Mãe Santíssima ficou livre e sã, salve este animal (*diga o nome do animal*) e seu ventre, e que ele mesmo fique são e salvo das cinco chagas.

Assim ficarás (*diga o nome do animal*) livre dessa dor. Amém."

Ela repete mais duas vezes e reza um Pai-Nosso, e a dor vai embora. Ao final, lava as mãos em água corrente.

## CONTRA HÉRNIA E FRATURAS EM PETS
*(Vilma Aparecida Moura, São Vicente-SP)*

Dona Vilma, com seu galho de arruda fazendo o sinal da cruz do início ao fim no animal e no seu tutor, diz:

"Jesus encarnou nas puríssimas entranhas da Virgem Maria e nasceu e habitou entre nós. Para nos ensinar a ter verdadeira fé, por sua própria virtude e graça, curava todas as enfermidades e doenças dos que nele acreditavam. Pois assim, como estas palavras são certas, assim é que também tu, criatura de Deus (*diga o nome do animal e de seu tutor*), podes ser curado da hérnia ou da fratura que padeces, pela virtude e em honra das três pessoas distintas da Santíssima Trindade, a quem humildemente peço a graça de que te vejas tão depressa curado, como Jesus de suas chagas. Sabes que Deus também cuida de ti, criatura amada e criada por Deus Pai. Estás curada e abençoada pelo teu Pai criador. Amém."

Ela termina fazendo o sinal da cruz e joga o galho verde no lixo fora de casa.

## CONTRA ERISIPELA EM TUTORES OU ANIMAIS
*(Lucélia Teixeira de Oliveira, Oliveira-MG)*

Essa doença cutânea afeta, em geral, os mais velhos, causando inchaço e dores nas pernas e deixando a pele lisa, brilhante e com uma coloração vermelha violácea. Nos casos mais graves, aparecem vesículas que se rompem, deixando escapar um líquido seroso. Nos animais domésticos, normalmente só é percebida quando as feridas se rompem. Porém, o problema não chega a ser chamado de erisipela, sendo visto como uma ferida de difícil cicatrização. É mais comum em suínos, algumas aves e ovelhas. Dona Lucélia faz a seguinte oração:

"Deu no osso, deu na veia, deu no nervo, deu na carne, deu na pele e deu nas ondas do mar. Para nunca mais voltar."

## PARA CURAR TOSSE DE CACHORRO
*(Oswaldo Augusto Fernandes, Tatuapé-SP)*

Ele ensina que, se o seu cachorro estiver com tosse, pode colocar no pescoço dele um colar de sabugo de milho. Para fazê-lo, basta cortar sete rodelas de sabugo de milho e colocá-las em um pedaço de barbante virgem. Depois, é só amarrá-lo no pescoço do seu bichinho e fazer a seguinte oração:

"Tosse rouca saia desta criatura de Deus. Tosse, tosse rouca, tu não tens mais poder. São Roque, mensageiro de Deus, tira de ti esta tosse rouca com o poder da Santíssima Trindade, Pai, Filho e o Espírito Santo, sai, excomungada tosse. Com sete rodelas de sabugo de milho, São Roque tira de ti, criatura abençoada por Deus. Sai de reto tosse rouca e escarro mucoso maldito e excomungado, sai deste corpo santificado. Sabugo de milho, tira o muco, muco tira a tosse, tosse tira o rouco desta criatura de Deus, com o poder de São Roque e da Santíssima Trindade. Antes de sete dias, as sete rodelas vão tirar a tosse rouca e todo o seu muco, com os poderes de São Roque e da Santíssima Trindade tudo vão tirar. Amém."

## CONTRA FERIDAS COM VERMES EM PETS
*(Flávio Pereira Malta, Jundiaí-SP)*

Seu Flávio pega uma folha de espada-de-são-jorge e realiza o sinal da cruz sobre a ferida com verme, até terminar a reza:

"(*Diga três vezes o nome do animal e de seu tutor*), contaram-me que vós tendes sete bichos e só tendes seis.

Contaram-me que vós tendes seis bichos e só tendes cinco.

Contaram-me que vós tendes cinco bichos e só tendes quatro.

Contaram-me que vós tendes quatro bichos e só tendes três.

Contaram-me que vós tendes três bichos e só tendes dois.

Contaram-me que vós tendes dois bichos e só tendes um.

Contaram-me que vós tendes um bicho e não tendes nenhum."

Ele finaliza com um Pai-Nosso e uma Ave-Maria, repetindo o benzimento por três dias seguidos. E sempre joga a folha da espada-de-são-jorge no lixo da rua.

## PARA PROBLEMAS RENAIS NOS PETS
*(Fernando Brito Sobrinho, Paulínia-SP)*

Seu Brito, como gosta de ser chamado, usa um ramo verde de alecrim para realizar o sinal da cruz nas costas do animal e iniciar a reza:

"Em nome do Pai, do Filho e do Espírito Santo, Jesus, Jesus, Jesus, muito sofrestes na Terra. De vós muito judiaram os homens ímpios, que em vós não souberam reconhecer, antes de vossa danta morte, o redentor Jesus, Jesus, Jesus. Certo estou de que não olvidareis minhas súplicas que aqui vou fazer em favor de (*diga o nome do animal e de seu tutor*), um penitente que muito vem sofrendo dos rins e que muito deseja uma cura que apenas de vós pode ser obtida. É imenso o seu sofrer em consequência das dores de rins que o atormentam. Atacado por noites e noites, dias e dias por estas dores que não o deixam um só momento e que aumentam de intensidade. Peço-vos encarecidamente que o socorrais. Assim seja."

## CONTRA A MAGREZA DO ANIMAL
*(Humberto Barros da Cunha, Olímpia-SP)*

Seu Humberto fala que, quando o animal está magro demais, é porque uma bruxa passou perto dele. Para acabar com isso, com um crucifixo na mão direita, reza:

"(*Diga o nome do animal e de seu tutor*), bruxas que bruxas são? Freio na boca e rabicho na mão. Não entrem nesta casa, nem neste pasto. Deixem este animal em paz. Que ele não lhes quer não. É melhor que vão para as águas salgadas do mar morto. Para o lugar onde não terão mais poder. Deus é maior que qualquer magia."

## CONTRA ENGASGO DO PET
*(Bárbara Cândida Neves, Três Corações-MG)*

Dona Bárbara embebe a ponta do polegar em azeite de oliva e faz várias vezes o sinal da cruz até terminar a reza:

"(*Diga o nome do animal e de seu tutor*), com o nome de Deus e do Senhor São Brás, desengasgue este animal que não pode mais. Em nome de Deus e da Virgem Maria. Amém."

Ela repete este benzimento três vezes junto ao animal.

## CONTRA ENGASGO DO PET
*(Maria José Garcia de Lima, Extrema-MG)*

Dona Zezé separa sete bolinhas de miolo de pão, do tamanho de um grão de feijão, e vai jogando goela abaixo do animal, dizendo:

"Com sete bolinhas do miolo do pão, rolai depressa pela garganta abaixo, fazei meu animal (*diga o nome do animal e de seu tutor*) ficar logo sadio e disposto. Dai-lhe forças, estimulai o estômago, para que o animal possa novamente se alimentar sem engasgar. De bom grado, agradecerei então, em cada hora, à Santíssima Trindade e a São Brás por ajudar a retirar deste animal o engasgo para sempre. Graças lhes rendo, São Brás e a Santíssima Trindade."

## PARA BOA PRENHADA DAS VACAS
*(Matheus Dutra de Souza, Extrema-MG)*

Seu Matheus, com a mão direita sobre a barriga da fêmea, repete três vezes, fazendo gestos e o sinal da cruz várias vezes, do início ao fim:

"Aonde vais, Bartolomeu? Vou visitar Nosso Senhor na casa que ele passar. Não morre fêmea (*diga o nome do animal*) de parto. Nem filhotes afogados. Levantou de madrugada. O seu bastão na mão pegou no caminho. Caminhou, aonde vai, Bartolomeu? Correr pra Sacristia. Encontrou Nossa Senhora com um ramo na mão. Eu pedi e ela um galhinho. Ela me disse que não, eu tornei a pedir a ela. Ela me deu seu cordão. O cordão tão grande era que arrastava nos chãos, sete voltas que me deu ao redor do coração. São Francisco e São João, desatarem esse cordão. Que amarrou nosso Senhor na Sexta-feira da Paixão, todo rezando esta oração. Para a Virgem da Conceição, que esse mal do nosso corpo não abala o coração."

## CONTRA DOR DE BARRIGA DOS ANIMAIS, REFLEXO DO TUTOR
*(Claudete Vargas Gomes, Pelotas-RS)*

Dona Claudete, com um ramo de alecrim, faz o sinal da cruz do início ao fim do benzimento, rezando:

"(*Diga o nome do animal e de seu tutor*), sai dor de barriga que está aí, que a cruz de Cristo está aqui! Com Deus para os que estão lá dentro. Com Deus para aqueles que saírem. Com Deus para os que vão chegar. Água no mar sagrado, água de muita valia, água fria corre de noite, corre de dia, corre toda hora do dia. Com os poderes de Deus e da Virgem Maria, assim passa essa dor de barriga. Passa essa dor de barriga e de corpo. Com os poderes de Deus e da Virgem Maria, deixa este animal (*diga o nome do animal*) são. Amém."

No final, reza três Pai-Nosso e uma Ave-Maria, jogando os ramos no lixo fora da casa.

## NA TROCA DE DENTES DOS ANIMAIS
*(Carmita Augusta de Jesus, Cachoeirinha-SP)*

Dona Carmita posiciona a mão esquerda sobre a cabeça do animal e, com a direita, vai fazendo o sinal da cruz enquanto reza:

"Nossa Senhora desceu do Céu com sua vela benta acesa na mão, entrou na sua canoa para o rio abaixo, afastando todos até Satanás. Assim como Nossa Senhora afastou Satanás, afasta esta dor de dente, hoje, neste dia de (*diga o nome do animal e de seu tutor*)."

Ela reza três Pai-Nosso e uma Ave-Maria e oferece a Santa Luzia e Santa Apolônia.

## PARA A CURA DOS PETS
*(Oswaldo Augusto Fernandes, Tatuapé-SP)*

Ele ensina o seguinte benzimento para doenças em geral:

"São Roque, vós que não tomando em conta o perigo do contágio da peste vos dedicastes de corpo e alma aos cuidados dos doentes. Deus, para provar vossa fé e confiança, permitiu que contraísse a doença. Mas este mesmo Deus, no abandono de vossa cabana, no bosque, por meio de um cão, vos alimentou de um modo milagroso e também milagrosamente vos curou. Protegei-me contra as doenças infecciosas, livrai-me do contágio dos bacilos, a mim e este animal (*diga o nome do animal*), defendei-me da poluição do ar, da água e dos alimentos. Enquanto eu tiver saúde, vos prometo rezar pelos doentes dos hospitais e fazer o possível para aliviar as dores e os sofrimentos dos enfermos, para imitar a grande caridade que vós tivestes para com os vossos semelhantes. São Roque, abençoai os médicos, fortalecei os enfermeiros e atendentes dos hospitais, curai os doentes, defendei os que têm saúde contra o contágio e a poluição. São Roque, rogai por nós!"

## PARA DOENÇAS DE PELE NO PET
*(Hugo Moreira Rezende Pais, Campinas-SP)*

Seu Hugo usa um chumaço de algodão molhado em azeite de oliva, passando em cima da pele lesada em movimentos anti-horários, e inicia a reza:

"Esta doença da pele de (*diga o nome do animal e de seu tutor*) dá na carne, da carne dá na pele, da pele dá no osso, do osso dá no tutano, do tutano dá no mar, do mar dá na praia, da praia vai-se embora. Amém."

Para finalizar, realiza três vezes o sinal da cruz com o algodão e depois o joga molhado no lixo fora de casa ou no fogo do fogão a lenha.

## PARA NERVO PINÇADO NO PET
*(Rui Clemente Brumado, Campos Novos Paulista-SP)*

Seu Rui passa a mão sobre o nervo pinçado de cima para baixo três vezes, até chegar nas patas, e reza:

"(*Diga o nome do animal e de seu tutor*), requeiro o ar que estiver em seu corpo. Ar do sol, ar da lua, ar do fogo, ar dos ferros, ar dos aços, ar dos vivos, ar dos mortos, ar do seu corpo por Deus Nosso Senhor."

Na sequência, ele faz o sinal da cruz e repete a reza por mais três vezes, terminando com um Glória ao Pai e um Credo.

## PARA RETIRAR AS DORES DO PET
*(Maria das Dores Fonseca, Paranapanema-SP)*

Dona das Dores, como gosta de ser chamada, usa um ramo de alecrim e realiza o sinal da cruz do início ao final da benzedura, dizendo:

"(*Diga o nome do animal e de seu tutor*), Deus te criou, Deus te deu coragem para vencer o mal que te assuntou. Em louvor da Virgem Maria, quanto ela quis, tudo se fazia. Nossa Senhora benzeu os animais com um raminho verde do jardim."

Depois, ela enterra o raminho no jardim (mas também pode ser jogado no lixo fora de casa).

### PARA A GARGANTA DO PET
*(Bethânia Souza Silvestre da Cunha, Bauru-SP)*

Dona Bethânia usa azeite de oliva, ungindo o pescoço do animal e do seu tutor, dizendo:

"Em nome de Deus Pai, em nome de Deus Filho, em nome do Espírito Santo, ar vivo, ar morto, ar que está sendo rezado, ar excomungado, eu te arrenego em nome da Santíssima Trindade. Que saia do corpo dessa criatura (*diga o nome do animal e de seu tutor*) e vá parar no mar sagrado para que viva são e aliviado."

Finalizar com um Pai-Nosso, uma Ave Maria e um Credo.

### CONTRA MAL SOBRE O ANIMAL E SEU TUTOR
*(Márcia Bernardo Sampaio Dias, Cruz Altina-PA)*

Dona Márcia inicia rezando cinco Creio em Deus Pai, em memória da Paixão do Cristo, e vai fazendo o sinal da cruz do início ao fim da reza:

"Doença desconhecida, mal ignorada ou intencionada sobre o corpo desta criatura (*diga o nome do animal e de seu tutor*) sairá daqui e cairá por terra, pela vontade de Deus Todo-Poderoso, como caiu o preciosíssimo sangue de Jesus crucificado. A vontade de Deus é a maior das vontades. Em nome do Pai, do Filho e do Espírito Santo. Amém."

### PARA TIRAR AS DORES DO ANIMAL
### QUE ESTÁ COM O TUTOR
*(Rute Bernardini Silveira, Matão-SP)*

Dona Rute, com um ramo de arruda, faz o sinal da cruz enquanto ora:

"(*Diga o nome do animal e de seu tutor*), o interior é fio do Redentor. O Redentor disse: dou alívio a todas as dores; se for mal das tripas, desate; se for calor, esfrie; se for frieza, esquente. Assim como Deus é fio da Virgem Maria. Amém."

Ela reza três Pai-Nosso e duas Ave-Maria, e joga o raminho no lixo fora de casa.

## PARA A LIMPEZA COM FOLHA DE MAMONA
## DA CABEÇA ÀS PATAS DO PET
*(Maria Olivia Coimbra, Lisboa-PT)*

Dona Maria, usando duas folhas de mamona para a *limpeza* do seu animal, repete três vezes a seguinte reza:

"Nosso Senhor Jesus Cristo, quando andou no mundo, sentou em pedra fria tirando as dores maléficas da cabeça aos rabos e patas. Se for mau-olhado, que Jesus leve tudo pro fundo do rio Jordão. Amém."

Enquanto benze, ela vai passando as folhas de mamona várias vezes da cabeça ao rabo e das costas às patas do animal, batendo três vezes no chão. E se ela sentir que o problema é mais do tutor do que do animal, ela também passa as folhas de mamona nele.

## CONTRA HEMORRAGIAS EM PETS
*(Pedrita Lima Guedes, Mauá-SP)*

Dona Pedrita, com um ramo verde de alecrim (pode ser também arruda, guiné ou espada-de-são-jorge), realiza uma reza sobre o sangramento, fazendo com o ramo o sinal da cruz:

"Com o sangue de Adão (*diga o nome do animal e de seu tutor*), a morte saiu. Com o sangue de Cristo, a morte é abrandada. Eu te ordeno, sangue, em virtude dessa morte, que cesses teu curso. Cristo nasceu em Belém e sofreu em Jerusalém. Seu sangue está turvo. Digo-te para que cesses pelo poder de Deus e pela ajuda de todos os santos e pela água do rio Jordão, no qual São João batizou Jesus Cristo. Em nome do Pai, do Filho e do Espírito Santo."

Após repetida a reza três vezes, o sangue para de sair. Quando o ramo de alecrim verde fica murcho, ela o joga no lixo fora de casa.

## CONTRA DESMAIOS DO PET
*(Catarina Neves Brandão, Londrina-PR)*

Dona Catarina, com um ramo de arruda fazendo o sinal da cruz sobre o animal ou tutor, reza:

"Deus e Nosso Senhor que te dignaste conferir ao bem-aventurado André Avelino, morto de apoplexia, a graça de ser recebido no eterno santuário de tua glória e de ser desde ali o intercessor para contigo dos que padecem deste mal, reverentes te suplicamos que por seus méritos e misericórdia seja curado (*diga o nome do animal e de seu tutor*) do ataque que o presta. Assim seja."

Para finalizar, um Pai-Nosso a Santo Avelino e três Ave-Maria a Santíssima Trindade.

## PARA BAIXAR A FEBRE EM ANIMAIS
*(Plínio Antônio da Cruz, Palmital-PR)*

Seu Plínio pega um copo com água até a metade, encosta sobre a cabeça do animal e roda sete vezes no sentido anti-horário, rezando:

"(*Diga o nome do animal e de seu tutor*), em Nome do Pai, Do Filho e do Espírito Santo, eu vos suplico, Senhor, que a intercessão do bem-aventurado São Hugo torne (*diga o nome do animal e de seu tutor*) merecedor da vossa graça, obtendo a cura da febre que o faz sofrer, que o atormenta cruelmente. Socorrei-o, Jesus, por vossa bondade infinita. Assim seja, amém."

Depois ele mostra a quantidade de bolhas e a temperatura que a água retirou do corpo do animal. Essa água é jogada em água corrente, como a da pia da cozinha.

## CONTRA BUCHO ESTUFADO DO PET
*(Luzia Peixoto Dias, Campinas-SP)*

Dona Luzia faz o benzimento de Santa Emerenciana. Ela mergulha uma fralda de pano branca nova em uma bacia com água morna, torce e põe sobre a barriga do animal, que fica deitado em sua frente, e começa a rezar:

"(*Diga por três vezes o nome do animal e de seu tutor.*) Meu Senhor Jesus Cristo, minha Senhora Aparecida, pelo amor de Santa Emerenciana, cuide deste animal (*diga o nome do animal e de seu tutor*) que sofre de mal de bucho estufado, para que tudo volte ao normal e ele saia deste sofrimento."

Ela então molha a fralda de três a sete vezes na água morna, até ver o estufado voltar ao normal.

### PARA TIRAR ESPINHOS DO PET
*(Matilde Freire Brás, Jacarezinho-SP)*

Dona Matilde colhe no quintal erva vinagreira com raiz e folhas. Lava e amassa em seu pilão de madeira. Depois passa sobre o local onde está o espinho e reza:

"São Brás, que nos protege de espinhos e demais pontas de dor, tira desta carne, de (*diga o nome do animal e de seu tutor*), com ajuda do azedo da vinagreira, aquilo que o está machucando."

Ela deixa a erva pilada sobre o machucado por dez minutos e, em seguida, o espinho brota para fora da pele do animal. Pode espremer porque não vai doer.

### PARA ORELHA DOÍDA DO PET
*(Cleuza Tavares Góes da Mata, Ribeirão Pires-SP)*

Dona Cleuza unge as duas mãos com azeite de oliva e iniciava a reza:

"Jesus nasceu, Jesus morreu, será curada a dor que (*diga o nome do animal e de seu tutor*) tem no corpo. Senhor meu Jesus Cristo, que curou o surdo-mudo de Decápode só tocando suas orelhas e dizendo 'Sejam abertas', dai-me a graça para, em seu nome, imitar os seus milagres, já que não posso imitar suas virtudes. Possa curar este mal de orelha (ou de surdez) de seu servo. Amém."

Em seguida, reza três Pai-Nosso. Às vezes, repete mais duas vezes esta oração.

### CONTRA EPILEPSIA EM ANIMAIS
*(Pedro Antunes Filho, Araraquara-SP)*

Seu Pedro, com a mão direita sobre o animal, faz o sinal da cruz enquanto reza:

"Jesus deu o dom de curar epilepsia ao São Wolfango, que com sua mão acalmava e curava a psia. Com três dias, a psia sai e nunca mais encontra a epile, que sai e não encontra a psia no corpo do animal (*diga o nome do animal e de seu tutor*). E com o sinal da cruz, do Pai, do Filho e do Espírito Santo, pra cá nunca mais volta. Amém."

Para finalizar, três Pai-Nosso. Repetir por três dias seguidos.

### PARA O FÍGADO BILIOSO NO PET
*(Paulo Guimarães dos Santos, Assis-SP)*

Seu Paulo passa azeite de oliva nas duas mãos e cerca o tamanho do fígado com elas, e com o polegar realiza o sinal da cruz, rezando:

"(*Diga o nome do animal e de seu tutor*), eu te benzo de fogo brabo, figo inflamado, figo arruinado. Deus Filho, quando andava pelo mundo, de figo bravo benzia, etc."

Quando ele termina, lava as mãos com sabão de coco e não enxuga, simbolizando o ato de Pôncio Pilatos.

### CONTRA FLATULÊNCIAS EM VACAS LEITEIRAS
*(Pilar Augusta Miranda, Arujá-SP)*

Dona Pilar, com a ponta do polegar, faz o sinal da cruz do início ao fim da seguinte reza:

"Deus é o sol, Deus é a luz, Deus é claridade, é a virgindade, Deus é a suma verdade. Assim como Deus é a claridade, Deus é a virgindade. Deus é a suma verdade. Saem flatos ventosidade, nevralgia do corpo de (*diga o nome do animal e de seu tutor*), vai-te para as altas ilhas, que não vejas galo cantar, nem filho de ama chorar, nem sino de nosso Senhor Jesus Cristo tocar. Que não faças mal para (*diga o nome do animal e de seu tutor*), nem a ninguém deste lugar."

### CONTRA HERPES ZOSTER EM PETS
*(Bernadete da Santa Cruz e Silva, Araras-SP)*

Dona Bernadete molha um ramo de arruda em meio copo de água com sal grosso e vai aspergido e fazendo o sinal da cruz, enquanto reza:

"(*Diga o nome do animal e de seu tutor*), eu te benzo com a cruz, com a cruz e com o sangue de Jesus. Herpes zoster, ozagre, fogo selvagem, foge daqui que eu estou com nojo de ti."

Em seguida, ela cospe sobre o ferimento, reza uma Salve Rainha e joga o ramo de arruda no lixo fora de casa.

### CONTRA HÉRNIA DE UMBIGO EM PETS
*(João Claudio Veloso Silva, Santos-SP)*

Seu João, com um ramo de arruda, faz o sinal da cruz sobre a hérnia do animal, rezando assim:

"(*Diga o nome do animal*), Jesus Cristo, quando andou pelo mundo, muitas dores ele encontrou, males de pernas, de braços, de cabeça e também o mal de hérnia. Assim ele disse: contra o mal da hérnia, eu mandarei São Calógero, que vencerá este mal. Não só para cuidar dos homens, mas também tem poder de curar a hérnia dos animais."

No final, ele termina rezando três Pai-Nosso e três Ave-Maria. O ramo de arruda deve ser jogado no lixo fora de casa.

### CONTRA SANGUE RUIM EM PETS
*(Dimas Pereira Andrade, Mogi Mirim-SP)*

Seu Dimas recebe os animais enfraquecidos e amuados em sua casa e, com um copo de água-benta e um ramo de arruda, vai aspergindo e fazendo o sinal da cruz sobre o animal, rezando:

"(*Diga o nome do animal e de seu tutor*), em nome do Pai, do Filho e do Espírito Santo, Pai Celeste, pelos méritos de São Bento, afaste de (*diga o nome do animal e de seu tutor*) o mal que o aflige."

## PARA ENVENENAMENTO DE CÃES E GATOS

Vamos finalizar com uma oração poderosa:

### Oração de São Bento

A Cruz Sagrada,
Seja minha Luz,
Não seja o dragão o meu guia.
Retira-te, Satanás! (*diga o nome do animal e de seu tutor*)
Nunca me aconselhes coisas vãs.
É mau o que tu me ofereces,
Bebe tu mesmo! Os teus venenos!
Pai, Filho e Espírito Santo. Amém.

# Palavras finais

Escrever uma conclusão parece estar pondo um ponto final em alguma coisa que já chegou ao fim, mas aqui é apenas o começo de nossa reflexão. Vivemos num país em que as pessoas não valorizam a cultura de sua origem e perdem a memória de seus hábitos e tradições por estarem conectadas somente ao novo. Porém, esquecem-se de que o novo traz consigo informações e memórias do passado.

No século passado, aprendemos que vivíamos num país de população jovem e de poucos idosos, e não se acreditava que esses jovens envelheceriam tão rápido. Jovens que foram crescendo e deixando o passado de lado, desprezando tudo o que era antigo, hoje são idosos sem educação e sem valores culturais.

É por isso que deixo aqui este material imbuído de passado, mas que a ciência prova ser real: o poder de manipular energias por meio da força do pensamento e da palavra. A arte do benzimento não deve ser mais vista com preconceito e restrições por aqueles que vêm negando seu próprio passado, que é, na verdade, seu presente hoje e amanhã. Precisamos evoluir e mudar os conceitos de viver. Para o bem de todos. Incluindo o de nossos amados animais.

# Índice remissivo

**A**

Aborto 76

Acidentes 93

Afastar
  doenças 64
  doenças em familiares 49
  escuridão 160
  influências maléficas 58
  mau-olhado 49
  obsessões espirituais 57
  pessoas obsessoras 28

Agitado
  animais 106
  peixe 18

Água 22, 29, 36, 37, 46, 49, 51, 52, 53, 54

Água-benta 45, 56 ,112, 113, 117, 137

Aguamento 73

Agulha 74, 84, 100

Alecrim 56, 72, 80, 86, 88, 93, 101, 103, 104, 107, 108, 109, 115, 116, 117, 118, 119, 120, 122, 124, 127, 129, 131, 133

Alfavaca cheirosa 57

Alho 56, 95, 100, 122

Alombado 95

Amigdalite 81

Antônio, Santo 71

Arroto 104, 105

Arruda 56, 57, 71, 72, 77, 80, 88, 89, 93, 99, 100, 101, 103, 106, 109, 112, 116, 118, 122, 124, 125, 132, 133, 134, 137

Artrite 22, 82, 90, 105

Asma 56, 83

Assa-peixe 57, 72, 73

AVC 88

Aves 45, 80, 100, 126

Azeite 45, 51, 58, 71, 75, 81, 82, 85, 86, 90, 91, 92, 95, 98, 104, 105, 120, 121, 128, 131, 132, 135, 136

Azia 91

## B

Baixar a febre 93, 134

Barriga 43, 44, 54, 86, 91, 115, 117, 118, 119, 123, 129, 134

Bêbado 85

Bento(s) 11, 55, 112, 113, 116, 137, 138

Benzeção 51, 52, 53, 54, 58, 59, 61, 72 73, 74, 61, 72, 73, 74, 76, 77

Berne 102, 103, 110, 111

Bicheira 102, 107, 108, 109, 110, 111

Bonfim, Senhor do 81

Brás São 61, 81, 87, 108, 128, 135

Bravo 25, 109, 136

Bronquites 83

Bucho 77, 86, 134, 135

## C

Cabeça 15, 24, 42, 43, 44, 52, 58, 68, 71, 73, 74, 75, 85, 87, 88, 92, 93, 95, 97, 98, 99, 101, 102, 103, 104, 109, 111, 114, 116, 121, 122, 130, 133, 134, 137

Cachorro(s) 14, 16, 18, 23, 24, 28, 45, 46, 48, 64, 66, 101, 110, 119, 126

Cadeiras 84

Cães 13, 14, 18, 22, 23, 24, 25, 28, 29, 40, 41, 42, 48, 64, 65, 66, 68, 100, 138

Caída

Campainha 87

Espinhela 57 75, 76

Úvula 108

Carne 51, 52, 53, 71, 74, 84, 85, 100, 107, 111, 112, 114, 126, 131, 135

Carne trincada 52, 53, 74

Carvão 53, 54, 122

Cavalos 48, 90, 100, 101, 110, 124

Caxumba 89

Chacras 16, 21, 39, 40, 41, 42, 43, 44, 45, 46

Ciência 34, 36, 37, 47, 68, 139

Cinco 47, 85, 92, 105, 108, 110, 124, 125, 127, 132

Cobra(s) 32, 112, 113, 116

Cobreiro 51, 57, 58, 72, 73, 109, 116

Coceira 22, 72

Cólica 118

Coluna 40, 125

Conceição, Nossa Senhora da 129

Conjuntivite 61

Constipação 88, 119, 124

Convulsões 107

Cópula (relação sexual entre pets) 120

Coqueluche 89

Coração 11, 15, 28, 29, 55, 63, 68, 83, 91, 115, 120, 122, 129

Coser 51, 52, 53, 74

Couro 79, 102, 107, 110

Covidão 68

Credo 31, 71, 73, 79, 89, 123, 131, 132

Criança(s) 17, 18, 36, 70, 73, 76, 77, 79, 80, 118

Cruz 45, 51, 54, 55, 64, 70, 71, 72, 76, 77, 78, 79, 82, 84, 85, 86, 87, 88, 89, 90, 91, 92, 93, 94, 95, 96,97,98, 99, 101, 102, 103, 104, 105, 106, 107, 108, 109, 110, 111, 112, 113, 114, 115, 116, 117, 118, 119, 120, 121, 122, 123, 124, 125, 127, 128, 129, 130, 131, 132, 133, 134, 136, 137, 138

Cuidados 57, 111, 130

## D

Defumação 122

Dentes, Prezas 87, 112, 130

Derrame 88

Desaparecido 50, 64

Desmaios 134

Distância 22, 31

Distendidos 100

Doenças 16, 21, 32, 35, 36, 49, 57, 64, 68, 80, 82, 83, 125, 130, 131

Domésticos 13, 63, 126

Dor(es) 15, 22, 32, 45, 46, 52, 53, 57, 69, 74, 75, 76, 78, 80, 81, 82, 85, 87, 88, 90, 91, 98, 100, 101, 105, 107, 115, 117, 118, 123, 124, 125, 126, 127, 129, 130, 131, 132, 133, 135, 137

## E

Elementos 29,51, 52, 59

Encaroçar 90

Energias 13, 14, 17, 18, 19, 21, 22, 27, 29, 36, 47, 56, 103, 139

Engasgo 61, 128

Erisipela 51, 92, 126

Ervas 34, 45, 46, 51, 55, 56, 77, 88, 93, 103, 124

Espinhela 57, 75, 76

Espinhos 102, 135

Espírito Santo 35, 53, 54, 55, 58, 59, 71, 72, 73, 76, 79, 82, 84, 86, 87, 89, 90, 91, 92, 93, 96, 97, 98, 99, 102, 104, 105, 106, 107, 108, 109, 110, 111, 112, 113, 114, 115, 116, 117, 118, 119, 122, 123, 126, 127, 132, 133, 134, 136, 137, 138.71

Espiritual 14,16, 18, 28, 33, 34, 39, 45, 48, 49, 53, 54, 69, 80, 101

Estômago 43, 44, 86, 91, 94, 110, 128

Estufado 134, 135

Estupor(ado) 92, 114.93

Evitar 16, 25 ,42, 49, 57

## F

Faca 45, 51, 58, 73, 94, 121

Farpado -79

Febre 73, 93, 97, 98, 99, 134

Fechar 93, 94, 102, 121

Fêmeas 90, 115, 117, 120

## Benzimento para Pets e Tutores

Feridas 62, 64, 65, 79, 93, 94, 95, 99, 102, 126, 127

Fígado bilioso 136

Filhote 88, 90, 104, 106, 129

Flatulência 94, 136

Fogo 53, 54, 89, 92, 98, 103, 104, 107, 108, 109, 116, 117, 121, 124, 131, 136, 137

Fogo selvagem 89, 137

Folha(s) 22, 57, 73, 79, 91, 92, 93, 100, 104, 114, 123, 127, 133, 135

Forte(s) 13, 14, 18, 19, 29, 40, 41, 53, 56, 75, 81, 87, 122

Fosco 114

Fraco 109, 115, 120

Fraturas 125

### G

Gado 102, 110 ,111

Garganta 43, 44, 61, 81, 82, 87, 108, 128, 132

Olho-gordo 14, 36, 46, 70, 71, 72, 80, 103, 114, 118

Graves 32, 68, 73. 93, 126

Guiné 57, 72, 80, 88, 93, 95, 101, 103, 124, 133

### H

Hemorragias 133

Hérnia 125, 137

Herpes 116, 137

Herpes zoster 147

### I

Impingem 96

Inchada -105, 118

Insolação 97

Intestinal -88

Intestino 15, 118

Inveja(s) 14, 46, 70, 72, 80, 81, 84, 101, 103, 114, 118

### J

Jesus 32, 40, 42, 44, 51 52, 53, 54, 55, 58, 65, 66, 70, 71, 72, 73, 74, 75, 77, 78, 79, 82, 83, 84, 86, 87, 89, 90, 91, 92, 93, 94, 95, 96, 97, 98, 99, 102, 105, 106, 110, 112, 114, 115, 117, 118, 119, 120, 121, 124, 125, 127, 130, 132, 133, 134, 135, 136, 137

Jorge São 58, 61

### L

Leite 75, 87, 90, 94, 111

Limpeza 27, 59, 117, 133

### M

Macho 56

Madeira 79, 86, 95, 99, 135

Mãe(s) 34, 61, 68, 72, 82, 84, 95, 97, 107, 115, 125

Magreza 82, 128

Maldado 121

Males 13, 59, 80, 81, 83, 87, 101, 106, 114, 115, 117, 120, 121, 123, 124, 137

Mamona 133

Manjericão 57, 103, 124

Manqueira 124

Mastite 104

Mau-Olhado 31, 32, 36, 49, 51, 53, 54, 56, 57, 59, 75, 77, 78, 79, 80, 101, 103, 104, 118, 121, 124, 133

Moléculas 36, 46

Mordida 78, 113

## N

Nascimento 87, 123

Nervo(s) 40, 53, 71, 74, 84, 85, 100, 111, 112, 114, 126, 131

Nervoso(a) 15, 40, 91, 114

Nossa Senhora (Aparecida) 74, 75, 88, 94, 95, 97, 102, 119, 120, 123, 129, 130, 131

Nosso Pai 68

Novelo 51, 52, 53, 74

## O

Óleo(s) 22, 51, 58, 59, 82

Olho(s) 14, 24, 25, 28, 54, 61, 63, 71, 72, 76, 80, 82, 91, 95, 100, 104, 111, 112, 114

Olho-gordo 36, 46, 71, 72, 80, 103, 114, 118

Olhos vermelhos 100, 104

Oração 31, 32, 33, 39, 40, 52, 54, 58, 59, 62, 63, 64, 66, 69, 70, 72, 75, 76, 77, 78, 79, 81, 87, 88, 89, 90, 101, 104, 108, 109, 110, 113, 117, 123, 126, 129, 135, 138

Orações 13, 21, 25, 31, 32, 35, 36, 37, 45, 46, 51, 52, 53, 54, 55, 59, 64, 67, 87

Orelha(s) 87, 108, 135

Ossos 91, 111, 112, 121, 125

## P

Padre 73, 87, 91, 108

Palmas das mãos 42, 44

Palmas (planta) 91

Pano
branco 74, 84, 93, 96, 97, 100, 104, 134
Limpo 79
vermelho 76

Papeira 89

Pata(s) 19, 27, 28, 44, 48, 65, 75, 82, 92, 103, 105, 124, 131, 133

Pé(s) 15, 42, 43, 44, 61, 77, 81, 82, 92, 95, 121

Peçonhentos 112

Peito 15, 43, 44, 75, 77, 83, 86, 89, 104, 105, 110, 114, 120, 124

Pelagem 104

Pele 58, 71, 81, 96, 107, 111, 126, 131, 135

Perdido 19, 65, 122

Picada(s) 32, 57, 95, 112, 113, 124

Pinçado 131

Pontas (os) 40, 82, 94, 95, 98, 115, 117, 120, 123, 124, 128, 135, 136

Preguiça 95, 98, 96, 97

Prenhada 129

Presas 123

Prisão de ventre 88, 119

Problemas 14, 15, 16, 17, 22, 23, 24, 28, 31, 49, 56, 105, 106, 110, 111, 115, 117, 127

Proteção 14, 18, 19, 27, 35, 47, 49, 56, 66, 81, 91, 99, 103, 121

Pulgas 113

Pulmão(ões) 68, 77, 83

Pulo 121

## Q

Quartos 84

Quebrados 111, 112

Quebranto 71, 72, 75, 79, 118

Queimadura(s) 78

## R

Ramo(s) 56, 57, 71, 72, 80, 88, 89, 93, 101, 104, 106, 107, 108, 109, 115, 116, 117, 118,119,121, 122, 124, 127, 129, 131, 132, 133, 134, 137

Reflexo 14, 66, 108, 111, 119, 129

Religião 31, 34, 47, 61

Resgate 33

Rins 15, 88, 127

Rito 31, 34, 51, 56, 57, 58, 59, 74

Ruim 24, 29, 72, 76, 80, 90, 101, 137

Ruins 55, 95, 117

## S

Sal 45, 49, 51, 53, 59, 78, 95, 99, 100, 103, 106, 107, 114, 115, 116, 117, 124, 137

Sangue 71, 76, 89, 91, 92, 94, 106, 110, 121, 132, 133, 137

Santa, Sofia 91

Santos 32, 35, 51, 61, 65, 71, 81, 87, 92, 110, 133

São Francisco de Assis 61, 62, 63, 71, 79, 99, 111, 120

Saúde 24, 29, 32, 33, 45, 46, 48, 49, 54, 56, 66, 69, 90, 99, 101, 102, 118, 130

Senhor, do Bonfim 81

## T

Terçol 76

Tesoura 51, 58, 73

Tirar

Aguamento 73

Berne 110

coceira 72

constipação 88

dor de cabeça 74

dores 132

energia 104

espinhos 135

febre 98

insolação 97

maldições 72

mau-olhado 77, 78, 79,

olho-gordo 80

tosse 126

Tonto (sonolento) 85

Tosse 89, 119, 126

Troca 14, 28, 33, 34, 45, 130

## U

Umbigo 43, 44, 137

Urina(r) 15, 19, 106, 123

Útero 115, 117

Úvula caída 108

Uvulite 87

## V

Vacas, gado (Boi) 48, 71, 80, 100, 101, 102, 110, 111, 129, 136

Vela(s) 32, 45, 46, 49, 50, 51, 59, 104, 122, 130

Vento virado 76, 77

Ventre 119, 125

Vermes 107, 127

Ventre (bucho) virado 75, 77, 86

Vírus 116

# Referências bibliográficas

AUSTER, Sara. *Sound Bath*. New York: Tiller Press, 2019.

AZEVEDO, Téo. *Plantas Medicinais e Benzeduras*. Curitiba: Top livros, 1981.

BACHELARD, Gaston. *O Ar e os Sonhos*. São Paulo: Martins Fontes, 2001.

BEAULIEU, John. *Human Toning: sound healing with tuning forks*. New York: Biosonic Enterprise, 2010.

BLOCH, Douglas. *Palavras que Curam*. São Paulo: Cultrix/Pensamento, 1988.

CAMPOS, Eduardo. *Medicina Popular do Nordeste*. Rio de Janeiro: O Cruzeiro, 1967.

CHOPRA, Deepak, *A Cura Quântica*. Rio de Janeiro: Best-Seller, 1989.

COTTERELL, Maurice. *Ciência do Futuro, a Ciência Proibida do Século XXI*. São Paulo: Madras, 2011.

DEWHURST-MADDOCK, Olivea *A Cura pelo Som*. São Paulo: Madras, 1999.

DRAKE, Michael. *The Shamanic Drum: a guide to sacred drumming*. Oklahoram: Smashwords, 2010.

EINSTEN, Albert. *The Meaning of Relativity*. 5. ed. New Jersey: Princeton University Press, 1996.

EMOTO, Masaru. *As Mensagens da Água*. São Paulo: Isis, 2004.

EMOTO, Masaro. *Hado, Mensagens Ocultas na Água*. São Paulo: Cultrix, 2006.

GARJAJEV, Pjotr. *Vernetzte Intelligenz*. Güllesheim: Omega Verlag Silberschnur, 2011.

GAYNOR, Mitchell. *Sons que Curam*. São Paulo: Cultrix, 1999.

GOLDMAN, Jonathan. *Healing Sounds*. Rochester, Vermont: Healing Arts Press, 2002.

GOLDMAN, Jonathan. The Seven Secrets of Sound Healing. Carlsbad, California: Hay House, 2008.

GOLDMAN, Jonathan; GOLDMAN, Andi. Chakra Frequencies: tantra of sound. Toronto: Destiny Books, 2011.

GORDON, Richard. Toque Quântico: o poder de curar. São Paulo: Madras, 2019.

GRAZYNA, Fosar Franz Bludorf. *Vernetzte Intelligenz*. Die Natur Geht online, 2016.

HAWKING, Stephen. *O Universo numa Casca de Noz*. São Paulo: Intrínseca, 2016.

HERRIOTT, Alain. *Aumento da Potência do Toque Quântico: técnicas avançadas*. São Paulo: Madras, 2014.

KILLINABOY, Paul. *Rituais de Magia com Velas*. São Paulo: Malteses, 1987.

LEADBERATER, Charles Webster. *Os Chakras*. São Paulo: Pensamento, 1978.

MAMAN, Fabien; UNSOELD, Terres. *El Tao del Sonido*. Paris: Guy Trédaniel, 2012.

MARTINS, Janaina Träsel. Práticas de escuta: relato de um processo compositivo de jornadas sonoras pelo projeto Cantos de Gaia. In: LIGNELLI, César; GUBERFAIN, Jane. *Práticas, Poéticas e Devaneios Vocais*. Rio de Janeiro: Synergia, 2019. p. 121-138.

MATTSON, Jill. *Ancient Sounds, Modern Healing*. 2. ed. Washington: Wings of Light, 2013.

MELO, Jacob. *Cure-se e Cure pelos Passes*. São Paulo: Martin Claret, 2001.

MENEZES, Javert, *Arquivos e Entrevistas de Benzimentos* (particular). São Paulo: 1980.

MILLAN, César. *Guia Rápido Para um Cão Feliz*. Rio de Janeiro: Verus, 2003.

MILLAN, César. *Encantador de Cães*. Rio de Janeiro: Verus, 2007.

NICOLAS, Tesla. *Minhas Invenções*. São Paulo: Unesp, 2013.

PEIRCE, Penney. *Frequência Vibracional*. São Paulo: Cultrix, 2011.

PERRET, Daniel. *Sound Healing with the Five Elements*. London: Binkey Kok, 2005

RINPOCHE, Tenzin Wangyal. *Healing with Form, Energy and Light: the five elements in tibetan shamanism, tantra and dzogchen*. USA: Snow lion publication, 2002.

SALES, Nivio Ramos. *Receitas de Feitiços e Encantos Afro-brasileiros*. Rio de Janeiro: Pallas, 1985.

WALD, Robert. *General Relativity*. Chicago: University of Chicago Press, 1984.

WELLS, Jain. *Consciencia Gong*. Choiceless Awareness Comunication Ltd., 2019.

WHITTAKER, Sheila. *In the Heart of the Gong Space*. York: York Publishing, 2012.

# JAVERT DE MENEZES

A ciência pode comprovar que a Arte do Benzimento não é misticismo, mas, sim, refere-se a técnicas como outras que também usam a manipulação de energias, transmutando e restabelecendo a harmonia na vida das pessoas. Você vai encontrar explicações da ciência de como tudo isso acontece pela Palavra com a força das rezas e orações de um número grande de benzedores que as praticaram durante seu viver.

Em *Cafeomancia – A Leitura da Borra de Café*, o leitor constatará que não é preciso ter ou possuir dons sobrenaturais para fazer a leitura, tanto da folha de chá como da borra do café; para isso, basta estudar a técnica, ter boa memória e ser observador.

Diferentemente de outras técnicas, porém, a cafeomancia dialoga com a parte sensorial, com o paladar, com o cheiro. Ela envolve sentimentos, e são eles que determinam as respostas, não o intelecto. Nesta obra, pode-se conhecer a história do café e do chá, bem como algumas tradições desse ritual, além de diferentes interpretações para as imagens, os desenhos e as projeções dos diversos borrões que vão se apresentar no interior da xícara.

Entre neste universo que é ao mesmo tempo mágico e objetivo. Conheça a técnica que ajudou tantas pessoas ao longo da história a enfrentar dúvidas cotidianas e estratégicas, proporcionando, assim, bem-estar e objetividade em seus projetos.

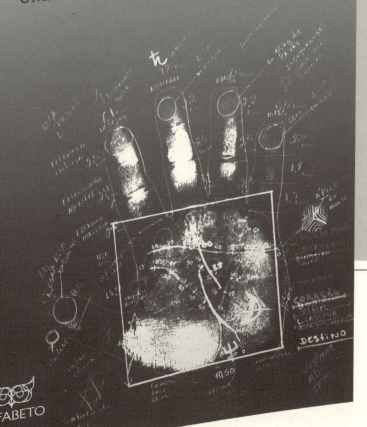

A Quirologia baseia-se na interpretação de uma série de sinais contidos em ambas as mãos, com o objetivo de adquirir conhecimento sobre a pessoa. É baseada em características arbitrariamente relacionadas como as linhas, formato e protuberâncias das mãos. A leitura das mãos tem de ser feita como um todo, por esta razão é necessária uma interpretação tendo em conta as relações entre as linhas e sinais.

Totalmente ilustrado e com explicações detalhadas, em linguagem acessível para leigos, esta obra é básica para quem quer compreender e praticar quirologia, mas com aprofundamento no assunto para quem quer ir mais além. Como se vê, a Quirologia é ciência e arte, exercida pelos médicos, cientistas, pensadores e filósofos de todos os tempos. Foi praticada por nada mais, nada menos que Aristóteles, Alexis Carrel e Carl Jung, entre outros.

Nas palmas das mãos, temos os montes, as linhas principais, as linhas secundárias e os traços que vão influenciar a nossa personalidade, caráter e desenvolvimento pessoal durante toda a nossa vida. Com uma técnica inovadora, você poderá agora lidar com as observações dos novos aspectos que aparecem em suas unhas, dedos, pele, montes, linhas e traços das mãos.

O Quirodiagnóstico é uma excelente ferramenta para auxiliar a identificar as afecções e enfermidades com base na prática da Quirologia. Uma obra independente, mas complementar ao livro *A Ciência da Quirologia: uma construção para a medicina*, que mostra os tipos e formatos das mãos, dedos e unhas e como esses detalhes influenciam as nossas atitudes.

Comprovado na prática e fruto de pesquisas realizadas em muitos anos de vivências pessoais, o livro conta com um material fornecido ao autor pela médica e psicóloga alemã-britânica, Dra. Charlotte Wolff, que trabalhou como psicoterapeuta e tem um amplo estudo sobre a análise das mãos.

A obra ainda conta com um capítulo exclusivamente destinado à reflexologia podal, que consiste em um tipo de aplicação de pressão em pontos do pé muito utilizada para equilibrar a energia do corpo e evitar o surgimento de doenças e problemas de saúde. A reflexologia é uma terapia complementar, que estuda os pontos reflexos do corpo e as terminações nervosas presentes nos pés, mãos, nariz, cabeça e orelhas.

# Eu te Benzo

É uma alegria estar com você aqui, obrigado por tudo
Deus te abençoe e te faça feliz.

Eu te benzo para acalmar teu coração
Eu te benzo para quebrar qualquer maldição

Eu te benzo para afastar a escuridão
Eu te benzo para iluminar teus passos onde quer que eles vão

Eu te benzo para ter saúde e enfrentar os obstáculos que virão.
Eu te benzo para que teu guardião te proteja, fortalecendo-o

Eu te benzo para que seu mentor continue a orientá-lo
Eu te benzo para limpar tua linhagem, fortalecendo os que virão

Eu te benzo para iluminar toda sua ancestralidade.
Eu te benzo por mais difícil que esteja tua jornada, que você não

Esqueça de ter esperança, amor, fé, compaixão, perdão...
E que nunca esqueça do quanto é importante a sua missão...

Eu te benzo
Eu te benzo
Eu te benzo

Amém.